圣殿骑士传奇

[英]乔恩·怀特 编著
崔学森 李应鹰 译

TEMPLARS

中国画报出版社·北京

图书在版编目（CIP）数据

圣殿骑士传奇 /（英）乔恩·怀特编著；崔学森，李应鹰译. -- 北京：中国画报出版社，2021.4（2023.10重印）

书名原文：All About History:Templars

ISBN 978-7-5146-1988-1

Ⅰ. ①圣… Ⅱ. ①乔… ②崔… ③李… Ⅲ. ①欧洲—中世纪史—通俗读物 Ⅳ. ①K503.09

中国版本图书馆CIP数据核字(2020)第267428号

Articles in this issue are translated or reproduced from All About History: Templars, Second Edition and are the copyright of or licensed to Future Publishing Limited, a Future plc group company, UK 2019.

北京市版权登记局著作权合同登记号：01-2020-7494

圣殿骑士传奇

[英] 乔恩·怀特 编著   崔学森 李应鹰 译

出 版 人：于九涛
责任编辑：李 媛
责任印制：焦 洋
营销编辑：孙小雨

出版发行：中国画报出版社
地　　址：中国北京市海淀区车公庄西路33号 邮编：100048
发 行 部：010-88417418 010-68414683（传真）
总编室兼传真：010-88417359 版权部：010-88417359

开　　本：16开（787mm×1092mm）
印　　张：10.75
字　　数：230千字
版　　次：2021年4月第1版 2023年10月第5次印刷
印　　刷：北京汇瑞嘉合文化发展有限公司
书　　号：ISBN 978-7-5146-1988-1
定　　价：60.00元

欢迎来到

圣殿骑士的传奇世界

揭秘神秘军事骑士团的兴衰

在十字军东征时期盛行的军事骑士团中,"基督和所罗门圣殿的贫苦骑士团",简称圣殿骑士团,是最富有、最强大但又最隐秘的一支。我们将在这里研究圣殿骑士团的起源、军事实力、创新的财务管理及令其成名的各场战斗,等等。从雨果·德·帕英(Hugues de Payens)到狮心王理查(Richard the Lionheart),我们会逐步了解骑士团的主要领袖,揭开导致最后一位总团长被烧死在火刑柱上,以及令骑士团最终解散的背后真相。

目录

> 十字军东征的主要动力是,参与圣战成为了一条获得救赎的新途径。

25

88

6　十字军东征时代

圣殿骑士团的建立

163

37

20　第一位圣殿骑士
26　第一批军事修士
36　圣殿山上的圣殿骑士
46　伯纳德的教规
54　早期的教令

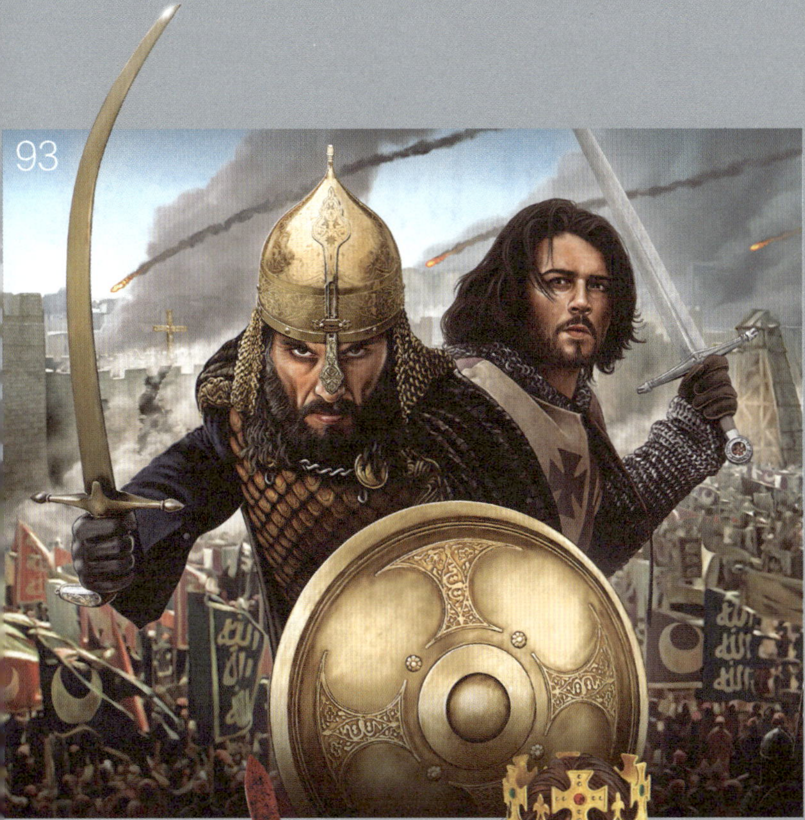

全盛期的圣殿骑士团

- 62　圣殿骑士团的第一位总团长
- 70　圣殿骑士团在欧洲的建立
- 78　蒙吉萨战役
- 84　圣殿骑士银行
- 92　萨拉丁的耶路撒冷之战
- 104　狮心王理查
- 116　著名骑士团总团长一览
- 122　那些互为对手的骑士团
- 128　圣殿教堂：伦敦的耶路撒冷

圣殿骑士团的衰亡

- 138　最后的堡垒
- 146　塞浦路斯的统治
- 154　对圣殿骑士的背叛

十字军东征时代

欧洲骑士希望通过热忱之心和钢铁之腕，
在中东建造一座神圣的帝国。

作者：彼得·普赖斯（Peter Price）

十字军东征是一场为了收复失地而进行的斗争，基督教军队和穆斯林军队相互开战，战役持续了200多年。成千上万的普通人为了自己心中的信仰而战，收获颇丰。有的人夺取了许多中东宗教场所和城市的控制权；有的新兴军事组织，诸如圣殿骑士团，得以发迹；有些名不见经传的小君主一战成名，变为不朽的传奇；有的王朝为了统治这个地区而建立。随着时间的推移，十字军逐渐沦陷于对财富和地位的渴望之中，并用他们的贪婪震惊了欧洲的文明社会。

1095年，教皇乌尔班二世发动第一次十字军东征，他宣称："我们不为金钱或名誉而战，只要去耶路撒冷解放基督徒，你们就可以洗清自己的罪恶。"这种宗教热情激励着十字军离开家园，奔袭千里发动一场神圣的战争。虽然穆斯林在耶路撒冷迫害当地基督徒和西方朝圣者的故事十分具有煽动性，但人们甘愿前往的主要目的是东征为他们提供了一个新的救赎途径。激昂的十字军战士称他们的军队为"上帝的军队"，称战死者为"殉道者"。然而，第一次十字军东征还有更隐秘的寓意。首先，教皇与神圣罗马皇帝亨利四世进行了一场激烈的辩论，这次十字军东征大大提高了乌尔班二世的地位。

因为土耳其的穆斯林屡犯拜占廷帝国边境，于是拜占廷皇帝阿历克塞一世也向乌尔班二世寻求军事援助。西方的天主教和东正教之间的关系长期以来不稳定，教皇认为这是改善关系的一个机会。

欧洲不同地区的军队组成了四支十字军，这些军队由圣吉勒的雷蒙德、布永的戈弗雷、维曼多瓦的休和塔兰托的博希蒙德（及他的侄子坦克雷德）等高级贵族领导。在第一次十字军东征期间，虽然所有社会阶层的人

> 受伤的十字军战士通常会寻求穆斯林医生的帮助，因为他们拥有丰富的医学知识。

宗教热情促使十字军背井离乡,跨越千里发动圣战。

都"参加十字军东征",但并没有国王参战。第五纵队由著名传教士彼得隐士领导,部分骑士和平民参与管理,因此被称为"人民的十字军"。

1096年8月,十字军于陆路进军拜占廷帝国的首都君士坦丁堡。尽管彼得的军队最先到达,但他忽视了阿历克塞一世的建议,没有等待进攻前的后援支持。在十字军和穆斯林的第一次重大冲突中,土耳其军队在西弗多托镇压了入侵的欧洲人。

十字军东征在信徒全部到达后才算真正开始。1098年6月,他们先后攻占了安纳托利亚的塞尔柱首都尼加亚城和当时罗马帝国的第三大城市安条克;1099年,他们占领了耶路撒冷。占领圣城后,十字军发起了一场毁灭性的行动。为了将信仰不同的人"净化",他们以犹太人和穆斯林为目标,肆意杀害男人、女人和儿童。

在骑士团横渡博斯普鲁斯海峡之前,阿历克塞一世曾试图强迫团员向他效忠并承认他对所收复土地的所有权。除了与拜占廷人战斗过的博

▲ 阿奎勒斯的雷蒙德称,在1099年血洗耶路撒冷期间,他看到了"成堆的头、手和脚"

▼ 双方明显的宗教差异通常意味着他们在战场上是敌人

希蒙德外，所有人都拒绝宣誓。圣地现在已被欧洲人控制，领地被划分成各个小国，被统称为Outremer，也就是法语中"海外"的意思。

这些国家包括耶路撒冷王国、安条克公国、的黎波里公国和埃德萨伯国。然而，当一个新的天主教势力在中东崛起时，大多数十字军战士选择带着他们的掠夺物返回家园，留下那些支离破碎的小国独自对抗仍然强大的伊斯兰统治者。当十字军被强大的军事要塞保护的时候，这些小国却一直在为生存而挣扎。

但领导十字军东征的贵族们却不愿意成为十字军国家的国王。当圣吉勒的雷蒙德拒绝加冕时，布永的戈弗雷接受了这份荣耀。但他拒绝了国王的头衔，而用"圣墓的保卫者"来彰显荣誉。

然而，戈弗雷的继任者却没有这样的顾虑。1100年，戈弗雷的兄弟鲍德温成为第一个出身于十字军的国王。他将耶路撒冷王国的领土扩展到如今的以色列、叙利亚、约旦和黎巴嫩，最终他死于对埃及的突袭中。他的另一个堂兄，鲍德温二世是他的继任者。他秉承鲍德温一世的意志，继续为王国开疆辟土。之后，耶路撒冷在一位女王的统治下迎来了一个黄金时代。鲍德温二世的女儿梅利森德拥有一半法国血统和一半亚美尼亚血统。她嫁给了一位法国贵族，即安茹的富尔克。这位法国贵族与英法两国王室都有着密切的联系。梅利森德从小就被培养为统治者，并于1131年完全掌控帝国。直到她丈夫去世之前，梅利森德都能牢牢掌控他。除此之外，她还在自己13岁的儿子鲍德温三世继任时担任摄政王。梅利森德不仅建造了今天的圣墓教堂，还建造了圣母玛利亚的坟墓和耶路撒冷集市，这些建筑被沿用至今。

1145年，教皇尤金三世在梅利森德的警告下，呼吁开展第二次十字军东征。1144年12月，阿勒颇和摩苏尔的穆斯林统治者曾攻打埃德萨。梅利森德向其派遣军队，但是没有进一步增援，最终导致战败。另一个十字军国家安条克，正忙于与拜占廷人的战斗，所以定居在此的天主教徒向西方寻求帮助。

为了不辜负十字军东征的先辈，这一次许多王室成员参与了东征，其中最著名的是法国国王路易七世和德国皇帝康拉德三世。路易的妻子阿基坦的埃莉诺也加入了他们的行列，随路易一起前往君士坦丁堡和耶路撒冷。据说，埃莉诺坚持要带领公爵领地的士兵参战，但她在参战时打扮成亚马逊人的做法引发了不小的争议。

尽管第二次十字军东征向圣地派遣了五万士兵，远超第一次十字军东征的人数，但还是没有成功。这些军队缺乏纪律、补给和资金，在穿越小亚细亚时遭到塞尔柱土耳其人的屠杀。

他们最初的重点是拯救埃德萨，但在1147年法国和德国的军队抵达时，这座城市已经被牢牢地控制在泽吉的继任者努尔阿德丁手中。于是，十字军将目标转移到一座穆斯林城市——大马士革。然而，在他们进攻该城的四天里，努尔阿德丁带着增援部队抵达，最终十字军耻辱地撤退了。1148年，欧洲人撤回西方，这使得耶路撒冷的战略地位有所下降。

更为复杂的是，大约在这个时候，梅利森德和她的儿子鲍德温三世闹翻了。尽管鲍德温三世已经成年七年了，但梅利森德仍然把持着权力，不愿意让刚愎自用的儿子继承王位，成为唯一的君主。随后双方妥协：鲍德温三世统治该地区北部，女王统治朱迪亚和撒玛利亚。但是，鲍德温三世入侵了他母亲的领地，随之内战爆发了。1154年，梅利森德退位，母亲和儿子最终达成和解。在鲍德温三世的权力稳固后，他可以自由地保卫王国的边境。经过漫长的战役，鲍德温三世终于取得了决定性的胜利，并于1158年击败努尔阿德丁。

十字军国家的继承人从来不是确定的，鲍德温三世的侄子鲍德温四世也不例外。他是一个聪明的年轻人，他的导师们发现，他在和其他孩子玩耍时，展现出了对于疼痛的高度忍耐。但很快出现了一则令人震惊的消息——未来的国王患有麻风病。1174年，鲍德温四世加冕，人们普遍认为他会是一位短命的傀儡。

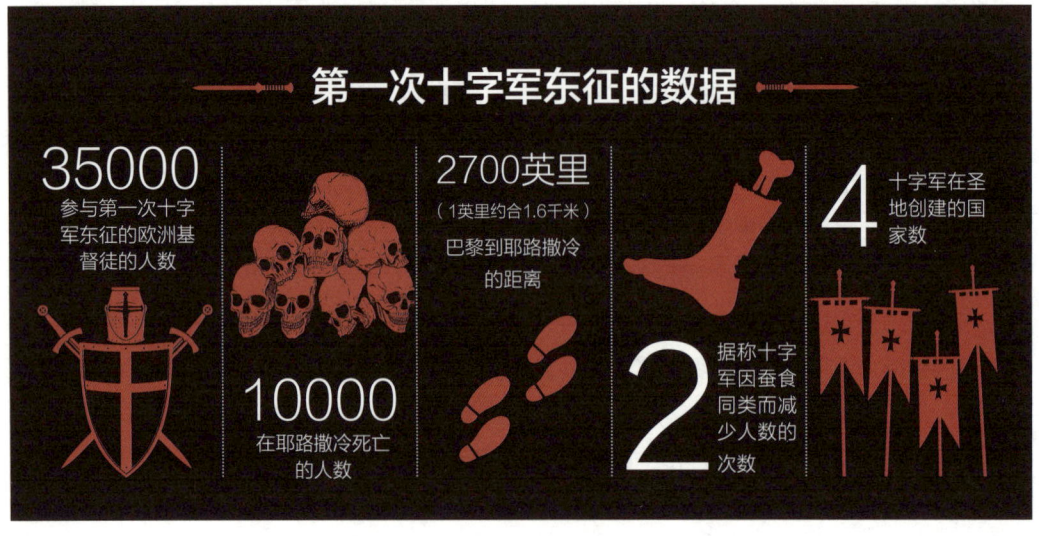

然而，鲍德温四世采取强硬的军事手腕，很快驳斥了人们的这一观点。在突袭和小规模战斗中，这位年轻的国王赢得了许多令人惊讶的胜利，击败了入侵的萨拉丁。萨拉丁是一位著名的苏丹，他一统埃及、伊拉克和叙利亚的大部分地区，并时刻紧盯着耶路撒冷。

但到了1183年，鲍德温四世开始全身溃烂，他的视力也模糊到近乎失明。怵于他的统治和声誉，听说"麻风国王"带着一群杂牌兵加入了保卫耶路撒冷的军队后，萨拉丁撤退了，直到鲍德温四世在1185年去世后才再次进攻。

这时，十字军国家已经没有战斗人员了，所有的城堡和城镇都只剩下一些年轻且缺乏经验的驻军。耶路撒冷的新统治者盖伊国王也是一个军事新手，他在沙漠中追赶萨拉丁的军队时，将军队驻扎在远离水源的地方。由于干渴和酷热，这些人在1187年的哈丁战役中倒下了。

因为无人能敌，萨拉丁从基督徒手中夺走了耶路撒冷。然而值得注意的是，这位苏丹允许基督徒为自己赎身，甚至还允许他们讨价还价。这种做法与十字军一百年前血洗这座城市的行为形成了鲜明的对比。

圣城的失守再次在基督教界掀起轩然大波，于是他们很快开始筹备第三次十字军东征。这场十字军东征主要是萨拉丁和英国国王理查一世之间的竞争。虽然他们从未见面，但这两个伟人在十字军国家中发起了无数战

其他骑士团

参战的军事修士

圣拉撒路骑士团

就像它的名字暗示的一样（失败后重新振作），圣拉撒路骑士团从圣地的麻风医院招募新兵。他们期望感染了致命疾病的骑士能够加入他们的军队，浴血奋战直至病情恶化的那一刻。

圣约翰医院骑士团

也被称为医院骑士团或圣约翰骑士团。该骑士团最初是为了照顾前往圣地途中生病的朝圣者。在被驱逐出中东后，该骑士团主要负责攻打地中海的穆斯林海军。

圣托马斯骑士团

圣托马斯骑士团于第三次十字军东征期间建立，是医院骑士团的一个分支。其建立目的是为伤者服务并埋葬十字军战士，但只招募英国骑士。这便意味着该骑士团的人数历来都不多。

蒙特乔伊骑士团

这一骑士团以蒙特乔伊山为名，这座山是第一批十字军最先看到的耶路撒冷的地方。该骑士团最初负责保护西班牙的朝圣者；随后，它接受了国王鲍德温四世的捐赠，并在哈丁与基督教军队并肩作战。

条顿骑士团

1191年，由德国骑士组成的条顿骑士团在围攻阿克时成立。条顿骑士的任务是保护朝圣者，他们在圣战中和东欧对波罗的海异教徒的十字军东征中都非常活跃。

役,并在各自的国家里成为传奇。

第三次十字军东征是国王和皇帝的征战。英格兰的理查一世、法国的腓力二世和德国的腓特烈·巴巴罗萨皇帝都参与其中。因为腓特烈皇帝统领着最大的帝国,所以他当仁不让地成为了整支队伍的领导者。他不仅拥有与穆斯林作战的经验,还拥有10万士兵,这是当时最大的十字军队伍。以上种种都是夺回圣地的重要保证。

然而,当腓特烈大帝在军队前方横跨亚美尼亚的一条河流时,胜利的步伐戛然而止。他的马在桥上一滑,将他甩入汹涌的河水中。大概是盔甲太重的缘故,腓特烈大帝被拖下水后活活淹死了。对于这位伟大的皇帝来说,这是一个滑稽的结局。

他的儿子十分渴望看到他的父亲到达圣地,所以派人将他的尸身用醋腌制,抬着这具尸体走完了剩下的道路。皇帝的遗骸遍布圣地,并由不同的教堂保管着。

十字军中最杰出的领袖去世了,这给了理查一世接过领袖衣钵的机会。作为阿基坦的埃莉诺和她的第二任丈夫亨利二世的儿子,这位英国国王在出发时声望平平,但在第三次十字军东征结束后,他被视为一个传奇。

理查凭借勇气赢得了"狮心王"的绰号,同时他的个人魅力也让欧洲和中东领导人为其倾倒。多年来,许多十字军士兵以抵押财产或出售私人财产的方式来支付他们东征的费用。但理查的做法更为激进,他希望通过出售新英格兰王国的方式,获得占领圣城的机会。他竭尽所能筹集资金,据称甚至向贵族和政府官员变

> 十字军也与西班牙的穆斯林、波罗的海的异教徒甚至蒙古人作战。

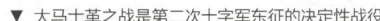
▼ 大马士革之战是第二次十字军东征的决定性战役

▲ 穆斯林骑兵在速度和机动性上的优势弥补了其在重甲方面的劣势

卖土地和爵位。资金不是问题，他曾委婉地打趣说，如果能找到买家，他早就把伦敦卖了。

1191年6月，英格兰国王在围攻阿克的战役中隆重登场。几个月来，基督教军队一直在蚕食城市的防御工事，如果在这里取得胜利，萨拉丁在此地的声誉和权力将大受打击。经过理查的不懈努力，这座城市在一个多月后失守。理查赢得了一场伟大的胜利，但十字军阵营中的深层矛盾分裂了军队。法国的腓力二世从来没有像理查一样热衷于十字军东征，加上炎热的气候和古怪的疾病，法国特遣队在阿克被征服后不久就离开了。

围城期间，萨拉丁的军队一直在与十字军交战，同时双方也针对囚犯转移问题进行了严肃的谈判。这为十字军东征史上最具争议的野蛮行径之一奠定了基础。萨拉丁需要支付的巨额赎金超出了当时城内官员的承受能力。随着时间的推移，许多人认为，所谓的赎金不过是一种拖延战术，旨在让十字军在阿克进退两难。

据说，穆斯林杀害了他们的基督徒囚犯，因此理查下令将被俘虏的约3000名阿克驻军带出来，在穆斯林军队面前进行屠杀。

冬季的恶劣天气使军队在前往耶路撒冷的途中遭受重创，同时也断了长期占领圣地的可能。在逐步逼近目的地时，理查命令军队撤回海岸，穆斯林得以继续掌控耶路撒冷。虽然欧洲人在沿海地区取得了一些有意义的成就，但他们最初的目标却没有实现。

因为第三次十字军东征并未攻占耶路撒冷，所以西方又开始谋划下一场十字军东征。1202年，第四次十字军东征的队伍踏上征途。然而事实证明，这是一次失败之举，为东西方教会带来了更深的分歧。

归咎于军队对其他基督徒的暴力行为，第四次十字军东征声名狼藉，成为了西方丑闻。十字军东征原本是一场针对穆斯林的战争，旨在拯救受迫害的基督徒，现在却变成了一种新的掠夺方式。为了偿还从威尼斯商人那里欠下的巨额债务，十字军袭击并占领了基督教城市扎拉。教皇英诺森三世勃然大怒，并将威尼斯人逐出教会。

从那时起，十字军东征将目的地转向了君士坦丁堡，在那里他们卷入了拜占廷王朝的内斗。基督徒将圣战抛在一边，袭击并洗劫了这座城市，因为他们很清楚，流亡的王子不可能兑现他们帮助他夺取王位的钱。在这场毁灭性的行动中，一座伟大的基督教城市和其居民被洗劫一空。威尼斯人凭借无数价值连城的手工艺品起家。其中，威尼斯圣马可大教堂中的四匹巨大的金属马最为著名。

英诺森三世谴责了这场洗劫，并制止了十字军的野蛮行为。但他没有驱逐任何参加过洗劫的

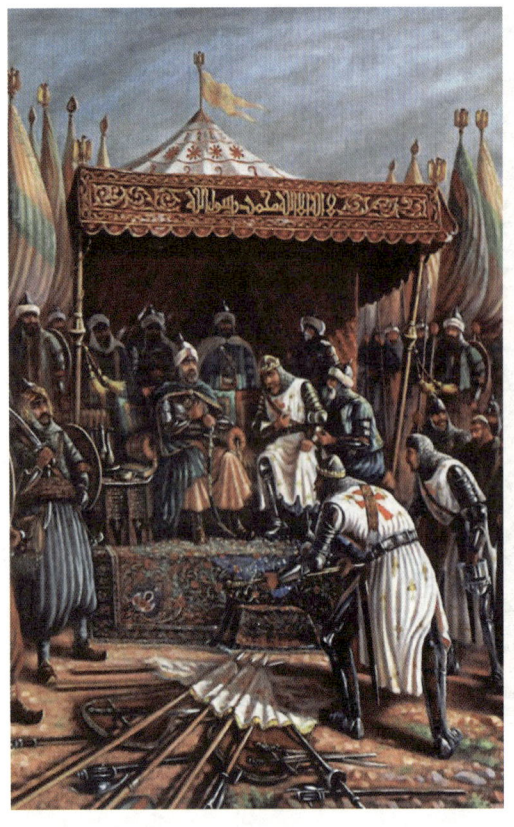

▲ 萨拉丁在哈丁惨败后，为战败的国王提供点心

▼ 1183年，卧床不起的鲍德温四世仍然在指挥东征

第三次十字军东征的数据

在第三次十字军东征中,如何比较这两位为各自信仰而战的对手?

	军事能力	暴虐程度	效率
理查 	理查的战术能力意味着他在中东没有输掉几场战役。他在前线领导,英勇无畏,与部下共患难,以指挥官的身份赢得了士兵的爱戴和尊敬。在回到欧洲之后,他被尊为军事天才,承载着欧洲大陆的希望。 ★★★★★	理查在阿克屠杀被俘虏的驻军是一种蓄意的野蛮行为。他可能不愿意在他们身上耗费关押他们所需的人力和资源。这种处决方式使他避免承担人道主义义务,并替他巩固了他在穆斯林军队中的恶名。 ★★★★★	尽管打了很多胜仗,理查还是没能实现他的主要目标,即攻占耶路撒冷。北欧王国的叛乱迫使国王放弃十字军东征以保住王位,这可能损害了十字军的士气。 ★★★★★
萨拉丁 	萨拉丁是库尔德的统治者,他在战斗中并不像理查那样亲力亲为,但他的战略为他的军队带来了一次又一次的胜利。作为重夺耶路撒冷的人,他在伊斯兰世界广受爱戴和赞扬。"萨拉丁"这个名字甚至可以使他的敌人感到恐惧。 ★★★★★	虽然萨拉丁经常被视为一个侠义且仁慈的人物,但他在激烈的战斗中通常十分无情。他将许多被俘的基督徒变卖为奴,还以屠杀为乐,下令在哈丁战役后屠杀圣殿骑士团和医院骑士团的囚犯。 ★★★★★	萨拉丁统治着埃及和叙利亚,这使得他能够将伊斯兰世界的大部分地区团结在同一旗帜下——尽管一些教派,如伊斯梅利的"刺客",仍然憎恨他。尽管他反抗十字军的功绩使他声名远扬,但他大部分时间都在与敌对的穆斯林统治者斗争。 ★★★★★

▲ 对君士坦丁堡的劫掠激怒了基督教世界

人。他把这次洗劫看作对拜占廷领土的瓜分，以此来统一天主教和东正教，弥合十字军和拜占廷人之间的裂痕。

这次恐怖袭击的消息很快传到西方，但很快消失了。英诺森三世试图继续掌控十字军东征，于是他将十字军的注意力从法国和西班牙的异教徒战斗中转向圣地。随着新目标的确立，十字军也重新调整了军事战略的重心。他们的目标将是埃及，而不是耶路撒冷。占领埃及的计划得到了后来十字军东征领导人的响应。他们希望切断穆斯林的权力根基，进而攻占城市，一举夺走中东大部分政权。遗憾的是，和从前一样，这些军队并没有达到目的。

欧洲十字军极富优越感，他们认为自己在军事和精神上都优于居住在圣地的人。他们横跨陆海，是为了与异教徒搏斗，而不是与他们和睦相处。但令他们懊恼的是，十字军国家穆斯林的生活仍在继续，并不太受他们的影响。

拉丁的基督徒继承了阿拉伯的习俗，比如经常洗澡、穿着华丽。对于他们来说，即使是一个贫穷的骑士或贵族也可以穿着华丽的丝绸，这让欧洲贵族难以理解。虽然欧洲军队支撑着十字军东征，但他们也不能帮助十字军国家和十字军长期生存。除了灾难性的第四次东征，前三次十字军东征都有成千上万的人来到圣地，给圣地带来浩劫，只有当一切都结束的时候，士兵才能重返家园。第一次十字军东征时最重要的问题就是人力短缺，因为受过训练的军人必须驻守在以基督教国家名义占领的城镇和城堡中。尽管圣殿骑士团和医院骑士团不断填补欧洲人撤退后留下的空缺，但从圣地离去的人还是慢慢耗尽了十字军国家的人力。随着人员补给的减少，士兵们也逐渐变得萎靡不振。

人们对十字军东征的热情正在逐渐减弱。由理查国王创造的十字军东征"黄金时代"将永远不会重演。一些国王如腓力二世对于长时间离开自己的王国感到十分不安。他在理查忙于攻占耶路撒冷的时候，放弃了在法国的誓言。十字军精神的死亡之声在13世纪响起。当时英国未来的国王爱德华一世被迫返回欧洲，将十字军国家扔在一边。

13世纪末，强大的马穆鲁克哈里发在埃及崛起。在一次又一次的失败之后，骑士团的最后一个基督教据点倒塌了。最终，在圣地肆虐了二百多年的十字军东征结束了。

> 狮心王理查不会说英语，在他统治期间，他在英国待的时间不超过六个月。

▲ 欧洲人在14世纪的十字军东征中筋疲力尽

圣殿骑士团的建立

20 第一位圣殿骑士

26 第一批军事修士

36 圣殿山上的圣殿骑士

46 伯纳德的教规

54 早期的教令

第一位圣殿骑士

雨果·德·帕英创立了圣地最强大的军队之一。

作者：爱德华多·艾伯特（Edoardo Albert）

1119年圣诞节，九个人在耶路撒冷圣墓教堂的地板上跪拜。他们的领袖是一个叫雨果·德·帕英的人，其他人有圣奥马尔的戈弗雷、杰弗里·比索特、蒙迪迪耶的佩恩、蒙巴德的安德烈和圣阿尔芒的阿坎巴德等。他们的跪拜将缔结誓约的过程推向了高潮，他们发誓要保持贫穷、贞洁和顺服，这些都是教会的标准修士誓约，如果不是他们提议称自己为"耶稣基督的贫穷战友"，他们的誓约与成千上万其他修士所宣称的誓约并没有什么区别。这九个人在新征服的

剑还是犁？

基督教会如何找到一种为暴力辩护的方法？

耶稣对他说："收刀入鞘吧！凡动刀的，必死在刀下。"（《马太福音》第26章52节）基督教主张非暴力主义，举例来说，它的创始人接受暴力，甚至暴力致死，但不认可报复。在早期的几个世纪里，这是基督徒所遵循的做法，他们接受在罗马国家殉道而死。但从君士坦丁堡开始，当这个国家将自己交由基督教皇帝统治时，教会面临一个两难的境地：如果一个国家在致命的战争中不进行反击，教会怎么可能正常运转？奥古斯丁在5世纪认为，正义的战争有可能保卫一个国家。事实上，面对严重的不法行为而无所作为本身就是一种罪恶。当教会将军事野蛮文化传播到北欧时，它发现自己必须面对一支精锐部队，这些士兵在冲突中释放了好战的本性。为了控制和引导这种社会中普遍存在的暴力行为，教会必须寻找一条可以让这些暴力分子迷途知返的道路。教会在来自君士坦丁堡的请求中找到了答案，那就是去保卫圣地。

▲ 河马的圣奥古斯丁（354—430）是最有影响力的教父和开创祈祷自传手法的人

海外王国（十字军国家）的圣地，宣誓拼尽性命效忠基督。同时他们向他们的剑宣誓，会保护他们的基督徒同胞。

但是当时，几乎没有人关注他们，也没有任何一位编年史学者记录下发生的事，我们甚至没有这九个人的完整名单。事实上，在圣诞节那天，可能有多达30人躺在基督教最神圣的教堂的地板上。

1070年前后，这个耶稣基督的贫穷战友的首领雨果·德·帕英可能出生在帕因。我们对雨果的早期生活几乎一无所知。然而，他显然是一名骑士，也是贵族阶层的一员。因为他的名字作为签字人，附在一些帕因附近的庄园和与财产有关的契据上，这些契据主要记录土地或特权转让。

雨果·德·帕英可能是另一个香槟伯爵雨果的骑士，雨果伯爵在特鲁瓦统治着他的公国。香槟伯爵雨果结过两次婚，先是在1104年，而后他在海外殖民地待了四年，然后在1114年再次结婚。我们不知道雨果伯爵第一次前往圣地时雨果·德·帕英是否陪同，但在第二次前往圣地的时候，二人很有可能一同前往。但当香槟伯爵回到法国开始第二段无爱的婚姻时，帕英仍然留在海外。他与他的同伴，圣奥马尔的戈弗雷，提出了建立一个遵循宗教规则的骑士共济会的想法。他们想用河马的奥古斯丁的教规，管理修士的生活。同时，他们希望在从穆斯林手中解放圣地后，保护基督教朝圣者安全前行。

不难理解为什么雨果和他的同伴认为骑士团是必要且有用的。尽管在1099年，第一次十字军东征成功地占领了耶路撒冷，建立了海外的领土，包括耶路撒冷王国、的黎波里公国、安条克

▶ 19世纪圣墓教堂的插图。这座教堂在过去的几个世纪里遭受了很大的破坏，最初的建筑在1009年被耶路撒冷的穆斯林统治者彻底摧毁

大事件

圣殿骑士团建立
时间：1119 年

在耶路撒冷的圣墓教堂里，雨果·德·帕英和八个同伴一起宣誓了保持服从、贫穷和贞洁的修士誓言。这九个人都是经验丰富的士兵，从小就接受过军事训练，他们致力于保护前往圣地的朝圣者，保卫海外领土。

招聘骑士团成员
日期：1128 年

在最初的几年里，骑士团的发展很缓慢。然而，当雨果·德·帕英回到欧洲，即法国、英格兰和苏格兰时，他招募了许多人加入骑士团，并以捐赠的欧洲地产及其收益来确保骑士团的财务安全。圣殿骑士团的未来暂时是安全的，除了一件事——它需要一个教规。

制定教规
日期：1129 年

在法国特鲁瓦，教皇霍诺里乌斯二世主持的一个教会理事会上，圣殿骑士团得到了教会的认可，并制定和颁布了一项关于其规范修士行为的准则。基督和所罗门圣殿的贫苦骑士团，如今成了教会的正式骑士团。

公国和埃德萨伯国，但圣地却不牢固。为了响应十字军东征，成百上千的基督徒朝圣者开始前往圣地。但在那里，无论是步行还是乘船都是危险的，最危险的莫过于前往巴勒斯坦。最常见的朝圣路线是先乘船去凯撒利亚或是海边的雅法，然后再往内陆的耶路撒冷走，但穿过犹太山的路上到处都是撒拉逊劫掠者和强盗。那些追随基督的朝圣者手无寸铁，很可能被杀害或被卖为奴隶。事实上，1119年早些时候发生的案件让雨果确信，建立军事性的修士共济会十分必要。1119年3月29日是复活节，在那个周六，朝圣者聚集在圣墓教堂举行庄严的守夜活动，不幸的是，当晚有数百人被袭击者杀害，幸存下来的少数人被当作奴隶。

十字军国家一直处于战争的边缘。尽管攻占了耶路撒冷，但大多数幸存下来的攻城者还是决定回家。布永的戈弗雷被托付保卫耶路撒冷王国，他手下有300名骑士和1000名步兵。20年后，在耶路撒冷新国王鲍德温二世的统治下，仍然十分缺少人力。自耶路撒冷被攻占以来的20年里，数百名训练有素的骑士作为朝圣者来到圣地，当他们完成朝圣，就没有明显的途径可以让他们利用自己的军事技能来服务王国了。

雨果·德·帕英结束朝圣后，并没有回家。他与其他骑士一起，开始在圣墓教堂中闲逛。在那里，雨果遇到了其他骑士，他们目睹了十字军王国的险境，同样也在寻找改变的方法。考虑到后来人们总是把雨果放在重要的位置，我们必须假设是他首先提出了建立军事组织的想法，借此保护朝圣者和圣地。鉴于1119年3月29日的大屠杀，建立骑士团的必要性十分明显。于是，雨果和他的八个同伴得到了圣墓教堂院长的允许，他们可以在基督教世界中最神圣的教堂里宣誓。自此，耶稣基督的贫苦骑士团成立了。

▲ 一位在复活节守夜期间，于圣墓教堂接受圣火的朝圣者

▲ 有些人被奉为祭司。雨果·德·帕英和他的同伴们也会以同样的方式在圣墓教堂里跪拜

▲ 现如今，没有一张，也不太可能有一张雨果·德·帕英的照片留存下来。所有有关圣殿骑士团的第一位总团长的画像都是由推测而来的

第一批军事修士

尽管圣殿骑士团的起源迷雾重重，
但显而易见的是，他们所处的王国正面临
着紧迫危险。

作者：爱德华多·艾伯特

圣殿骑士团在早期十分穷困，比如两个骑士会骑在同一匹马上。圣殿的第一位总团长雨果·德·帕英和他的八位骑士同伴不得不依靠圣墓教堂院长的施舍来养活自己。讽刺的是，雨果和他的手下也曾依赖医院骑士团的残羹剩饭生存，尽管后来两个骑士团频发争斗。

当时，圣约翰医院只是专门照顾来耶路撒冷的患病的朝圣者。医院位于施洗者圣约翰修道院所在地。它于1023年建立，以代替1005年被哈里发哈基姆摧毁的前朝圣者医院。1080年，本笃会修士杰拉德掌管了圣约翰医院。1099年，当耶路撒冷被第一次十字军东征的士兵包围时，法蒂玛总督伊夫蒂哈尔·道拉驱逐了该城所有的基督徒。然而，他允许杰拉德和其他几个修士留在医院里，以便他们能够照顾病人和伤者。十字军攻占耶路撒冷之后，杰拉德在圣约翰医院照料在战斗中受伤的十字军，其中一些人决定加入杰拉德，一同照顾其他生病和受伤

▲ 一幅创作于18世纪的杰拉德的版画，他是医院骑士团的创始人和第一任总团长

▲ 19世纪耶路撒冷的景色，当时这座城市已成为一潭死水

的朝圣者。为了感谢他们的工作，耶路撒冷的新统治者布永的戈弗雷给杰拉德和圣约翰的修士额外的报酬，这使医院得以飞速扩张。为了掌控局面，1113年2月15日，教皇帕斯卡尔二世发布了一则教皇令，承认这家医院为一个独立的宗教骑士团。教皇将这个新组织置于他的保护之下，使它摆脱了耶路撒冷宗主教（早期基督教在一些城市的主教的称呼）的控制，并允许他们在没有外界的干扰下，选举其总团长。到12世纪末，这家医院已经发展到可以免费收治1000名病人。他们允许所有人入住，救助的病人不分宗教和国籍。圣约翰医院的修士有照顾朝圣者的责任，且他们中有很多是训练有素的军人，于是他们很快就开始为朝圣者提供武装护送，这使从耶路撒冷前往雅法港的旅程变得艰难而危险。从医疗组织转变为军事医疗兼备的组织，这个过程是渐进的。到1121年，雷蒙德·德·普伊担任第二任总团长时，在他的领导下，这一转变正式完成。雷蒙德把医疗组织发展成骑士团、武装队伍和神父团，使之成为耶路撒冷圣约翰医院的骑士团，简称医院骑士团。

医院骑士团与圣殿骑士团都拥有相当数量受过训练的骑士，虔诚的骑士希望把他们的技能用于服务基督和教会。医院骑士团最初的优势在于，他们的基金来自基督教修道院的典型收入之一，即通过照顾病人（医院骑士称他们的病人为

朝圣者的艰辛

虔诚的旅行者在途中面临许多危险

征服耶路撒冷为基督徒朝圣者开辟了前往圣地的道路,这是几个世纪以来从未有过的,许多人在第一次十字军东征成功后立即开始朝圣。其中有一位名叫斯沃尔夫的英国人,写了一篇引人入胜的文章,记述了自己的旅行和冒险。朝圣在中世纪盛行,但如《坎特伯雷故事集》证明的那样,有许多人朝圣是别有动机的。但斯沃尔夫是一个虔诚的朝圣者,他说"虽然意识到我并不配朝圣,但我依旧去了圣墓祈祷"。1102年7月13日,到达意大利之后,斯沃尔夫从巴里附近的莫诺波利乘船,不幸的是,船在同一天破损沉船了。斯沃尔夫毫不气馁,又上了另一条船,一路上历经暴风雨和险阻,终于到达了雅法港,从意大利到巴勒斯坦共航行了13周。斯沃尔夫迫不及待地从船上下来,租了一条情况良好的小船。夜里,一场风暴袭来,摧毁了停泊的船只,淹死了1000人。在从雅法到耶路撒冷的路上,斯沃尔夫看到了被潜伏在山里的强盗杀害之人的尸体。到达耶路撒冷后,尽管许多教堂和修道院被撒拉逊人摧毁,伯利恒也被夷为平地,他还是拜访了该城的所有圣地。斯沃尔夫"参观了耶路撒冷市和周边国家的所有圣地并进行祈祷"。在巴勒斯坦待了近六年后,他于1108年5月17日返回雅法,开始了他的返程之旅。

▲ 朝圣者继续前往耶路撒冷,沿着多洛罗萨大道前行,这是传统的耶稣受难路线

"病人是我们的主"),他们可以要求戈弗雷和他的继任者进行捐助。在圣殿骑士团建立的早期,雨果·德·帕英和他的同伴们依靠抚恤金生活。这似乎是一段勉强度日、令人沮丧的经历。后来的一位编年史学家说,那些在圣墓教堂里游荡的勇士,最终以酗酒和虚度光阴告终。虽然雨果·德·帕英已经得到了圣墓教堂院长杰拉德的许可,可以组建骑士团,但他需要更多的认可,然后他们才能开始发挥所长,为海外的十字军国家服务——他需要国王和宗主教的祝福。

鲍德温二世于1118年4月14日加冕,他是耶路撒冷王国的第三任统治者,他的堂兄弟是布永的戈弗雷和布洛涅的鲍德温。沃蒙德是耶路撒冷的宗主教,也是海外十字军王国的主要教士,他在1118年继承了主教的职位。为了应对困扰王国的危机和困难,国王和宗主教于1120年1月16日在耶路撒冷以北48千米的纳布卢斯召开了一次议会。

虽然议会的大部分法规都提出,要让海外十字军帝国的居民与上帝保持良好的关系,但议会的第20条教规规定:"如果神职人员为了自卫而携带武器,就不要追究他的责任。"其余的教规接着暗示,神职人员拿起武器是暂时的。但在以前,教会和世俗法律都禁止神父或修士携带武器,就算是自卫也不可以。

虽然没有被列入议会出版的正典中,但巡回

▲ 圣殿山上的阿克萨清真寺，在十字军耶路撒冷王国的统治下，变成了国王的宫殿和圣殿骑士的住所

骑士雨果·德·帕英很可能向国王和宗主教发表了演讲，希望他们许可骑士团内的骑士挥舞武器保护朝圣者，保卫海外十字军王国。

事实上，这一时期的一些隐晦的证据表明，雨果和他的同伴的初衷是建立一个类似于圣约翰医院和照顾朝圣者的骑士团。但鲍德温二世说服雨果和他的同伴持剑，以便他们可以在最需要的地方为王国服务。当然，鲍德温二世一知道雨果建立了骑士团，就十分支持，并给雨果和他的同伴们提供了他们的第一个合适的住所：他自己宫殿的一角。

耶路撒冷的历史悠久。中世纪的地图将这座城市置于世界中心，使其成为历史的支点，而这个支点的枢纽就是圣殿山。耶路撒冷是一座山城，圣殿山就位于其中，这是所罗门王建造第一座神庙的地方。在那以后，巴比伦人毁坏了庙宇并对其进行重建，但在公元前70年被古罗马人毁坏了。在这里，犹太人是祈祷者，向位于圣殿山中心的基石——世界的中心祷告。在基石的上方，是伊斯兰教第三大圣殿——圆顶清真寺那金光闪闪的屋顶，圣殿山的南面是阿克萨清真寺。637年，哈里发乌马尔在征服耶路撒冷后，将阿克萨清真寺建在圣殿山上一座小祈祷室的遗址上。鲍德温二世把这座清真寺改建成了一座宫殿，并把其中的一部分交给了雨果·德·帕英和他的同伴们，让他们建造自己的教堂。在十字军中，阿克萨被称为所罗门圣殿，所以那里的骑士团被称为"基督和所罗门圣殿的贫苦骑士团"。之后"所罗门圣殿的骑士"被简化为"圣殿的骑士"，从中派生出"圣殿骑士"，或"圣殿"。

尽管圣殿骑士有了自己的根据地，但人数仍然稀少。帕英会阻止任何可能的朝圣者，试图说服他们要么抛弃世间杂事和家庭，拿起武器保卫圣城，要么至少同意在圣殿服侍几年。编年史学者证实，在那个时代，财富最明显地表现在衣着和饮食上，显然，圣殿骑士们仍然过着贫苦的

▲ 犹太教圣殿的西墙得以保存,犹太人被限制在圣殿山上祈祷,它是犹太教最神圣的祈祷场所

局部视角

基督教战士如何利用分裂的力量

虽然很多人都在谈论十字军东征对基督教徒与穆斯林之间关系的影响，但很少有证据表明，第一次十字军东征对伊斯兰世界产生了巨大的影响。当代有关穆斯林的资料中很少有涉及征服耶路撒冷的内容。

当时，穆斯林更关心的是其内部分裂——这些冲突也促进了基督教对巴勒斯坦的征服和海外十字军国家的繁荣。穆斯林倾向于将基督徒视为拜占廷人，他们很习惯与拜占廷人谈判，而且并不对地中海东部的复杂权力感到陌生。

以埃及为基地的法蒂玛哈里发，即什叶派，与阿巴斯哈里发对立，阿巴斯哈里发本身已经分裂成地区性的权力。同时，塞尔柱土耳其人开始不断掌控权力，但他们自己也在不断分裂。这种政治分裂造成了地方土匪的猖獗和政治环境的不稳定。新十字军国家正在试图尽可能地利用这种不确定性。

▲ 征服耶路撒冷对欧洲的影响比对伊斯兰世界的影响要大得多

▲ 以色列政府禁止非穆斯林在圣殿山上祈祷

生活。

1125年，所罗门圣殿的骑士们迎来了他们迄今为止最重要的新成员：香槟伯爵雨果。雨果·德·帕英正是沿用了他的名字，并在最初被封为骑士。1125年，香槟伯爵第三次也是最后一次回到圣地。他在将自己的爵位传给侄子后，来到耶路撒冷，进入圣殿。尽管雨果已经放弃了他的伯爵头衔，但是法国一位伟大的贵族成为圣殿骑士所带来的人脉和声望，仍然为圣殿骑士团赢得了巨大利益。在12世纪的价值观中，这表明骑士在当时社会中享有很高的地位。

但即使香槟地区的前伯爵成为了一名圣殿骑士，圣殿骑士们仍然难以吸引足够多的人追随他们。在一定程度上，这可能是由于许多男人仍然认为宗教不允许武器和暴力。骑士们需要教会全心全意的支持，而不仅仅是默许，这样他们才能真正取得成功。幸运的是，当时最有影响力的一位教士既是香槟伯爵的朋友，又是他的顾问，同时也是雨果·德·帕英最初的骑士同伴之一的侄子。这名教士名为伯纳德，他创建"基督和所罗门圣殿的贫苦骑士团"的过程，将在随后的内容中呈现给大家。

另外，历史分析表明，十字军东征往往是家庭传承，一代又一代有相同血统的男子拿起十字架。通常是家里的主要成员参加十字军东征，这项冒险需要大量的资金支持，要离家多年，还要面临死亡的风险。这需要整个家庭的支持，且代代相传。同时，一般来说，十字军东征与那些没有继承权的小儿子没有任何关系，他们寻找的是一个能够发家致富、名利双收的竞技场。

▲ 圣殿山鸟瞰图，前景是阿克萨清真寺，图片中央是圆顶清真寺

圣殿山上的圣殿骑士

圣殿骑士团在耶路撒冷的总部位于圣殿山上著名的圣殿。这座圣殿即圆顶清真寺,是圣城最美丽、最神秘的建筑。

作者:罗宾·格里菲斯-琼斯
(Robin Griffith-Jones)

罗宾·格里菲斯-琼斯

罗宾·格里菲斯-琼斯是圣殿教堂的圣殿大师、伦敦国王学院的讲师,分别是《圣殿教堂》(2010)和《古墓与圣殿:重新构想耶路撒冷的神圣建筑》(2018)的合著者及编者之一。

耶路撒冷的圆顶清真寺建于公元前692年,它是世界上最可爱的建筑之一,坐落在广阔的半天然半人造的广场中,在此可以俯瞰整个耶路撒冷城。穆斯林称之为"谢里夫圣地",即"高贵圣殿",犹太人和基督徒称之为"圣殿山"。几个世纪以来,在这座山上,犹太人的圣殿经历了建造、摧毁、重建、亵渎、翻新、大规模扩展的过程,最后在公元前70年被古罗马人摧毁。从那以后,这座圣殿就再也没有重建过。

耶路撒冷的道路由人行道、市场和小广场组成,路况错综复杂,人们在此最大限度地利用现有的阴凉之处。在耶路撒冷炽热的阳光下,清真寺从广场的白色地面上升起。它的最底层是一个完美的八角形:没有正方形那么严肃,但又比圆形更分明。八角形的立面由蓝宝石和绿松石构成。金色穹顶耸立在正中心,定义了城市的

▲ 从空中看圆顶清真寺

天际线。如果说有一个建筑处于凌乱无规的世界和超凡的天穹之间，巧妙地将二者结合在一起，并使自身成为一幅人工杰作的话，非圆顶清真寺莫属了。

圣殿内，阳光已被成百上千的灯和蜡烛所取代。圣殿内还有一些蜂蜡和气味曼妙的香水，这使得朝圣者可以想象自己正在给衣服涂油且衣服上已经浸满了油。一位阿拉伯注释者说，十字军拆除了40个大型银烛台、一个巨大的银灯笼、150个较小的银烛台和20个金色烛台的圆顶。仅中央的灯笼内就有500盏灯。1483年，修士费利克斯·法布里回到穆斯林队伍时，从耶路撒冷对面看到了圆顶：这座建筑"像一盏充满明火的灯笼一样闪闪发光"。柱子和拱顶将光线分解，扩散出层层涟漪。马赛克在每一个表面闪闪发光。这里有可爱的、波浪状的植物图案，它们

被设计成纯几何形式——这是一种完美的、有序的美，可以在创造物中体现造物主的无限智慧。它的感官冲击力是势不可挡的：饱和的颜色、浓郁的香味、金属肌理、大理石和波斯地毯的纹理——每年有8000块新的地板铺在上面。

室内的鼓形墙壁和圆顶就建在一块巨大的裸露岩石上。早在圆顶清真寺于此建造之前，此地已经是神圣的了。在伊斯兰世界中，于圣地上建造这样一座神殿十分少见。它具有典型的耶路撒冷特色。特别是，圣墓的圆形大厅是围绕着耶稣的空墓而建的，里面还有一块奇怪的神圣石柱；拜占廷升天教堂是圆形的，同心柱廊围绕着耶稣在地球上的最后脚印；为纪念圣母玛利亚而修建的八边形柱廊距离耶路撒冷三英里。但同时，也有一些学者推测，清真寺的圆顶是建在了基督教建筑的基础上。

▲ 圆顶清真寺，世界上最古老的伊斯兰圣地
◀ 卡尔哈格的摩利亚山耶路撒冷圣岩峰

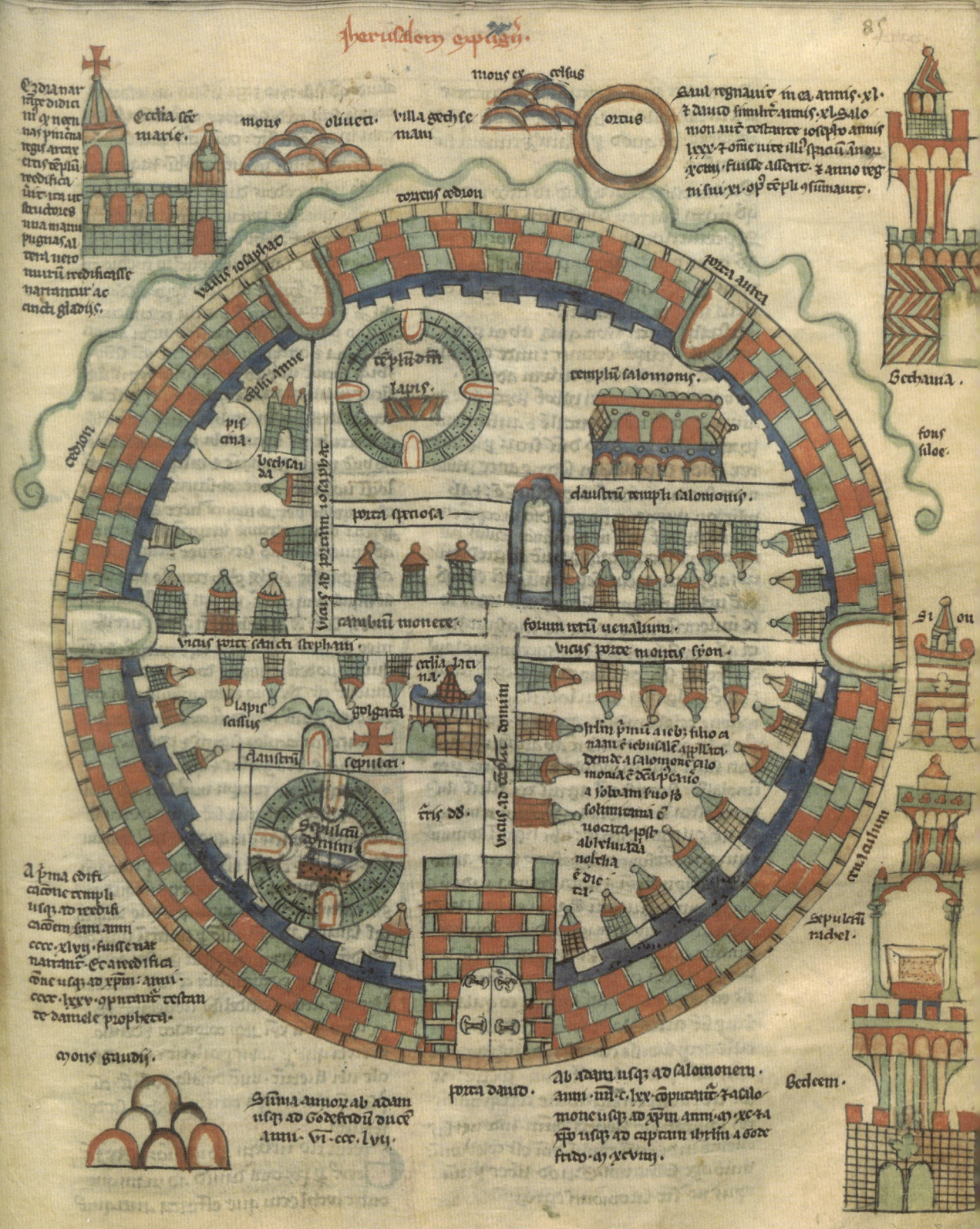

耶路撒冷手绘地图（莱顿大学提供）

我们惊讶地发现，要回答圆顶所带来的基本问题是多么困难：人们为什么要建造它？

自从君士坦丁在西边不到一英里的地方建造圣墓以来，基督徒认为犹太圣殿的传统和手工艺品也迁移到了圣墓中。

穆斯林在637年占领了耶路撒冷。我们从一位后来的历史学家穆吉尔·丁那里得知（写于约1495年），哈里发乌马尔是如何要求参观所罗门神庙的。基督教长老索弗罗尼乌斯不情愿地把他带到圣殿山上。基督徒当时把它当作垃圾场，以确保它再也不能因犹太人的使用而变得神圣。乌马尔看到圣殿周围的污秽状况后十分震惊，"当时圣殿周围的污秽都落在了城门的台阶上，甚至出现在城门后的街道上。垃圾大量堆积，几乎达到了城门的天花板。"乌马尔捡起一把瓦砾和粪便，堆在斗篷里，从广场扔到下面的山谷里。这座山将再次成为圣山。

穆斯林在记载中继续强调他们与圣殿的联系。1671年，在圣殿的献祭仪式上，拉姆利说："每一个到圣殿参观的人，都会得到所罗门祷告者的祝福。"（《列王纪》上，第8章，22—53节）他相信这是所罗门站在岩石上时说的。因为神对耶路撒冷的岩石说："你是我凡间的王座。我从你那里升入天堂。我从你脚下开阔大地，从山上流过的每一条溪流都发源于你的下方。"这里是宇宙的中心，是被创造的第一个地方。亚伯拉罕差点在这里献祭他的儿子以撒，在审判日，这里将是上帝的宝座。波斯人纳西尔·库斯劳记录，亚伯拉罕在岩石上行走，在七个不同的地方可以看到以撒小时候留下的清晰的脚趾印记。印记印在岩石上，就好像是软黏土做成的。在犹太神话中也可以找到这些联系。

在哈里发阿布杜勒·马里克建造圆顶清真寺之前，穆斯林已掌控耶路撒冷近60年。10世纪的一位行政长官写了一篇著名的记录，以此确定哈里发的议程。"阿布杜勒·马里克看到圣墓的伟大和雄壮时，很明显地被感动了，但他怕圣墓会使穆斯林心神不宁，于是他在岩石上竖起了现在看到的圆顶。"圣墓内柱廊的间距为29.90米，圆顶内柱廊的间距为20.37米，这么近的距离显然不是偶然形成的。

1099年7月15日，十字军攻占耶路撒冷。基督教编年史学者自豪地将这场胜利看作一个令人难忘的预言的实现：上帝的天使通过酒榨执行天谴，在城外"从酒榨流出的血液，高到马的嚼环，远有200英里"。（《启示录》，14:20）圣殿山上的屠杀最为激烈。"如果我告诉你那里发生了什么，"阿奎勒斯的雷蒙德写道，"那将是难以置信的。可以这样说，在圣殿和所罗门的门廊周围……鲜血漫过膝盖和马缰绳。"至少，十字军战士们自己可能受到了《启示录》的启发，向城里的居民进行可怕的报复。

在这之后，圣殿山的基督教瞬间复兴。在攻城的日子中，十字军进入坟墓，从那里到达耶和华殿。8月10日，军队离开并在阿斯卡隆与埃及人对峙；1101年复活节，复活节火没有出现；1124年7月7日，在提尔获胜的消息传到耶路撒冷。

发现圣地这件事变得很有竞争力。圆顶清真寺被改建成一座教堂，上面有一个巨大的金色十字架。圣殿和圣坛是献给圣母的。在山上，朝圣者将被带到圣母学校和巴斯教堂，圣母在净化前一晚在巴斯教堂中度过。以下是萨乌夫（Saewulf）在耶路撒冷1101年至1103年的一份报告：

"在这里，所罗门奉神的命令，建造耶和华殿。他用极其华丽的工艺建造它，并用人们在《列王纪》上所读到的一切装饰物来装饰它。它的壮美胜过一切房屋和建筑物。在此殿的中间，可以看见一块高大的石头，下面是空的，里面是至圣所。所罗门把约柜、吗哪、亚伦杖和两张桌子，放在那里……在那里，幼年耶稣在第八天接受了割礼，并获名'耶稣'。他父母于圣母玛利亚接受洗礼时，献上耶稣。西缅收下了。"

十字军东征之前，基督徒朝圣者已经开始怀疑圆顶的历史：也许圆顶清真寺是所罗门建造的，也许是拜占廷皇帝建造的。所罗门的圣殿建在岩石上，也是祭坛所处的位置。这里有所罗门、耶稣、圣母玛利亚、童女和镶有宝石的黄金弥赛亚的雕像和画像。岩石周围安装了一个漂亮的金属格栅，以防止朝圣者把它打成碎片带回家。这些碎石片与黄金等价。十字军在这里竖起了一个小的镀金圆顶，上面有凸起的大理石柱子，他们说这是弥赛亚脚下的地方。圆顶由主殿的教士们管理，他们给圣殿骑士安排了一个邻接的广场，让他们在那里办公。

南面的阿克萨清真寺被描述为所罗门的神庙或宫殿。耶路撒冷国王最初在清真寺内和周围都有自己的宫殿，他在那里给圣殿骑士留了一些房间。11世纪20年代，国王迁到城西的大卫塔，

圣殿骑士的克制

圣殿骑士是勇猛且训练有素的战士，他们比其他十字军战士还要聪明。诗人乌萨马·伊本·穆奇德（？—1188）回忆：

"当我拜访耶路撒冷时，我总会前往阿克萨清真寺，清真寺旁边矗立着一座小清真寺，法兰克人把它改建成了一座教堂。过去我进入阿克萨清真寺时，那里正被圣殿骑士占领。我和他们是朋友，因此圣殿骑士们会撤离毗邻的小清真寺，以便我在里面祈祷。有一天，我进入清真寺，重复着'真主伟大'，然后站起来祈祷。突然，其中一个法兰克人冲到我身边，抓住我，把我的脸转向东方说：'这才是你应该祈祷的方向！'一群圣殿骑士急忙向他走来，抓住他，把他从我身边赶走。我继续祈祷。然而这个人在其他人都在忙的时候，又一次冲到我身旁，把我的脸转向东方，说：'这才是你应该祈祷的方向！'圣殿骑士们又进来把他赶走了。他们向我道歉，说：'这是一个陌生人，他最近才从法兰克人的国土来到这里，他从来没有见过任何人向东方以外的方向祈祷。'于是我对自己说：'我已经祈祷结束了。'然后我走了出去，并为这个人的魔鬼行为感到惊讶。他只要看到有人向麦加的方向祈祷，就会脸色一变，浑身发抖。"

▲ 位于耶路撒冷老城的阿克萨清真寺

把他在圣殿山上的宫殿都交付给了骑士团。圣殿骑士一开始并不富裕：他们的衣服是朝圣者不要的，且阿克萨清真寺破旧不堪。到11世纪末，情况得到了改善，但不是每个人都为此感到高兴。德国朝圣者迪特里希热衷于一切赞美德国十字军和轻视法国人的活动，他钦佩医院骑士和他们每天照顾2000人的事迹。但他对圣殿骑士（主要是法国圣殿骑士）没有什么好说的，因为他们的财富还不及穷人的十分之一，而且涉嫌作伪证。

年轻的德国修士西奥德里克对圣殿骑士的最后建筑做了一个最完整的描述。骑士团在清真寺的西面创建了一个典型的修道院大院，在回廊的两侧有大厅和教堂（从未完工）。西奥德里克对此印象深刻。大约300名圣殿骑士驻扎在耶路撒冷，有1000名军士支援。每名骑士有权拥有三匹马，每名军士有权拥有一匹马。十字军认为支撑希律王扩张广场的那些巨大拱顶是所罗门王的马厩，所以最后它们成了圣殿骑士的马厩。西奥德里克认为那里有10000匹被驯服的马，早些时候有一位朝圣者声称那里有2000匹马，现代人估计那里有500匹马。那里还为马夫和扈从提供住处。如果那是圣殿骑士在城里唯一的马厩的话，那么可能只有75名骑士和他们的随从住在圣殿山上。在1187年的灾难中，60名圣殿骑士在克雷森泉被杀，230人在哈丁战役结束后被萨拉丁处死。几乎整个王国的骑士团都被消灭了。

但这一骑士团依然存在，它履行所有的军事义务，同时拥有大量国际债权。13世纪50年代至60年代，十字军急需用钱。法国国王路易九世从中东的商人那里筹集资金，圣殿骑士保证巴黎的圣殿财政部将会偿还这些债务。

但耶路撒冷的基督教王国不会永远屹立不倒。在哈丁发生灾难的几周内，萨拉丁夺回了这座城市。伊本·阿尔·阿蒂尔告诉我们：

▲ 勒内·德·安茹时期的耶路撒冷（约1435年）

"在岩石圆顶上有一个巨大的金色十字架。星期五，当穆斯林进入这座城市时，他们中的一组人爬上圆顶，把十字架移走了。当他们到达山顶时，所有的人都喊道：'萨拉丁用新月代替了十字架。'"

圆顶清真寺建成后，预算还剩超过10万第纳尔。哈里发把钱给了那些监督这项工程的人，但是他们拒绝了。他写信对他们说："融化（剩余的硬币）并把（金属）倒在圆顶清真寺和大门上。"

如今圆顶再次披上耀眼的金色。一位来自耶路撒冷的建筑师穆卡扎西敬畏地描述道："太阳光一照射到圆顶上，鼓形墙壁就发出光芒，这真是太奇妙了。简言之，我在所有伊斯兰建筑中从未见过这样的景象。"

圣殿骑士的一天

清净禁欲的日程安排符合骑士的职责
并激发了他们的商业天赋。

地点：法国蒙托恩斯
时间：1232年夏天，周日

作者：哈雷斯·阿尔·巴斯塔尼（Hareth Al Bustani）

人们加入圣殿骑士团后过的是一种团体性的禁欲生活。虽然在海外的骑士们不会严格遵守教规，但那些在欧洲的骑士被寄予凭借虔诚守纪来保卫要塞的厚望。他们有责任展现风范，救济穷人，并管理各种骑士团内务。他们的生活在很多方面都是僧侣式的——每天要做七次祷告且严禁肉欲。以下是一位来自法国西南部骑士团的圣殿骑士的一天。

起床

这位骑士被铃声唤醒。他安静地穿着他两套衣服中的一套：一件用腰带扎着的亚麻衬衫，一条马裤，长筒袜，一件短上衣，一件左胸上绣有红十字的短袖白色外套，最后还有一条皮带。作为圣殿骑士，他禁止穿尖头鞋、蕾丝或留过长的头发。如果他有胡子，那么他必须时刻保持胡子的整洁。

晨祷

整理好床铺后，他前往礼拜堂进行晨祷，这是每日的七次祈祷中的第一次。他的一些同僚并不管理教团事务，他们的任务主要是每天吟诵13遍主祷文。之后，他检查了马匹和装备，与扈从交谈，然后回到床上，朗诵主祷文。

弥撒

在主祷期间，骑士聆听《圣经》中的圣诗和训诫。如果他愿意，他也可以唱一些赞美诗。教团谨慎地区分谦逊和朴素这两个概念。教团并不要求骑士们站着完成整个仪式，相反，他们在弥撒的不同阶段交替站立、坐着或跪着。

早班

除非得到明确的许可，骑士在接到当天的命令后不得做任何其他事情。作为一个没有高级职位的修士，他的大部分时间都花在训练、骑马和与其他骑士一起操练上。毕竟总有一天，他可能会被征召到东部作战。

▲ 虽然骑士们的背景和任务各不相同，但他们的制服简单统一

▲ 对于任何一个称职的骑士来说，除了需要履行作为基督徒的职责，还要时刻保持战斗状态

分会会议

在午前祷之后，骑士会参加每周的分会会议，在那里进行忏悔和惩处。其中一名成员因与当地的一位妇人嬉戏而受到纪律处分，同时被剥除其骑士服制一个月。他可能一年中每隔几天就得靠面包和水维生，而且只能坐在地上吃饭。

▲ 1147年，罗伯特·德·克拉恩总团长在巴黎举行了一个分会会议，路易七世、教皇和130名骑士出席了此次会议

午饭

在午时祈祷之后，骑士们会花费一些时间修理盔甲和装备，同时检查房子和地面是否整洁。今天是食肉日，骑士可以选择羊肉或牛肉。这位骑士对牛肉不感兴趣，于是就和吃羊肉的人坐在一起。他与另一位骑士结对：即使每位骑士都拥有等量的肉，两人也要确保每个人都有足够的食物。他们静静地坐着，就像《圣经》里的祈祷者一样。

下午的工作

不祈祷的时候，骑士们为死者举行晚祷并守夜。当这一切都结束时，救助人员就会收取十分之一的面包并发放给穷人，同时将剩下的零碎发给奴仆们。骑士会监督士官完成下午的任务。他们忙着清理猪圈、喂牲口、酿酒和照料花园。就像那些启发他们的修士一样，圣殿骑士们自己生产食物和饮料。

▲ 蒙托恩斯的军士和其他工作人员生产了大量的食物和葡萄酒

晚祷和晚餐

骑士在日落后进行晚祷，接下来便是晚餐时间，他会再一次吃上羊肉。但是他切肉时十分小心，因为他知道剩肉是留给穷人的，因此应该让肉完整一些。15名骑士剩下的食物可以养活一个穷人。尽管明天是没有肉吃的斋戒日，但这并不是骑士们今晚放纵的理由。

晚上放松

吃饱后，这位骑士在教堂里用私人祷告来表示感谢。过了一会儿，他吃了些奶酪和面包，还喝了一小杯温红酒。每个人得到的酒的数量是相同的。在中世纪，酒比水更安全！尽管骑士有时会怀念酒馆的悠闲，但他总是控制酒量，因为那些喝得太多的人都会被下最后通牒：要么喝酒，要么离开骑士团。

休息

晚祷是今天的最后一次祈祷，接下来就是上床睡觉的时间了。为数不多的已婚骑士回到了自己的宿舍，而大多数骑士睡在一起。虽然应该安静就寝，但有些骑士还是简短地讨论了一些重要的问题。在闪烁的蜡光中，骑士向仆从询问一天的工作成果，并脱下衣服和裤子。在背诵了13遍主祷文之后，他安然入睡。

伯纳德的教规

作为一种新型骑士,圣殿骑士需要有人重新定义他们的角色,克莱尔沃的伯纳德就是这样的人。

作者:爱德华多·艾伯特

虽然早期圣殿骑士的情况仍留有许多谜团,但有一件事是很明显的:他们的私人关系一直很密切。首先,骑士团中有两个雨果。雨果·德·帕英是圣殿骑士团的第一任总团长,他最初效忠于他的主人香槟伯爵,即另一个雨果。1114年,这两个雨果一起去了巴勒斯坦。雨果·德·帕英留了下来,香槟伯爵则回到家中,1125年才回到圣殿骑士团成为圣殿骑士。同时,另一个人也与两位雨果关系密切,且他的到来对圣殿骑士团的成功至关重要。他叫伯纳德,是克莱尔沃新修道院的院长。

几个世纪以来,修道生活一直是基督教发展的动力。在西罗马帝国结束后,修道院点燃了学术和文明的灯塔。在7、8世纪,爱尔兰和英国的修士开始促进北方异教徒的皈依,他们提供的知识推动了9世纪加洛林文艺复兴。但到了12世纪,欧洲的修道院文化却因自身的成功而被渐渐掏空。国王和大资本家们感谢修士们提供的奖学金,把大量的财产交给了修道院,由此把修道院院长们拉到了日常世俗事务中。同时他们让修士逐渐停止了最初需要做的艰苦体力劳动,而成为"房地产经理",这一角色也在越来越多的精致的礼拜仪式中越发重要。

修士们有的开始担任王室官员,有的派遣仆人去做工作,修道院的庄园为他们提供了充足的食物。一位来自勃艮第的名叫伯纳德的年轻人对这些行为感到震惊,他请求当地一位大亨给他一片荒芜的森林,让他在那里建立一座修道院,让修士们能回到原先祈祷和辛勤劳作的理想生活中。勃艮第位于特鲁瓦西南80英

▲ 教皇霍诺里乌斯二世批准了圣殿骑士团的教规

▼ 克莱尔沃的圣伯纳德（1090—1153）规范了灵性和神学的基础，允许圣殿骑士为上帝而战

▲ 安茹伯爵富尔克的印章，他于 1131 年成为耶路撒冷国王

▼ 克莱尔沃修道院在法国大革命期间被解散。拿破仑将这些建筑变成了一座监狱，留存至今

里处，这里是香槟伯爵雨果的领地。25岁的伯纳德向香槟伯爵索求一片土地，这位一向虔诚的伯爵很乐意答应他的要求。

香槟伯爵送给伯纳德和他的12个同伴的土地，原先是个臭名昭著的强盗和杀人犯的庇护所，因此此地也被称为蛀虫谷。伯纳德把它改名为光明之谷，并开始通过体力劳动、祈祷和苦修来驱除此地的黑暗。

面对一片荒野，伯纳德和他的弟兄们做了前几代修士做过的事：他们开始驯服和命令它。在那里，修士试图用规律生活及其对祈祷、服从和贞洁的坚持，管理和驯服人类内心蛮横无序的欲望。蛀虫谷是一片沼泽，奥贝河流经此处，两岸都是陡峭的山丘，修士们开始清理山丘上茂密的树林。伯纳德决定让修道院实现自给自足，既不

用寻求食物，也不寻求当地贵族的捐助。为此，修士们不得不自己开垦种植。他们在一座山上种庄稼，在另一座山上开辟葡萄园。

当代世界对中世纪禁欲主义几乎没法理解或同情，但请铭记，这是一种重视英雄主义和勇敢高于一切其他美德的文化。伯纳德和他的修士们将一个骑士的勇敢与其进行的苦行相匹配。值得一提的是，大多数想申请加入伯纳德修道院的人与最终成为骑士的人来自同一个社会阶层。事实上，对于一个男孩来说，作为贵族的后裔，他只有两条路可走，要么挥舞着剑过着军旅生活，要么高声祈祷过着宗教生活。即使对那些出于天性和厌恶战争而选择宗教生活的年轻人来说，选择这条路也是受崇敬修士们军功的文化所影响的。

1098年3月21日，为了反对本笃会日益松懈的修道原则，伯纳德第一次进入克莱尔沃修道院开始修士生活。为了从本笃会中脱颖而出，伯纳德改变了衣服的颜色，从原来的黑色变成了古朴的雪白。他们的新教会的修士后来被称为西多会修士，开启了修道院历史的新篇章。伯纳德兼具个人魅力和领袖气质，推动了12世纪西多会的非凡发展。

伯纳德执着于写信。他不仅写信给教皇，还会同样热情地写信给那些向他寻求精神建议的普通人，而且这些信的篇幅会更长。尽管大量的信件和克莱尔沃的来访者不可避免地让伯纳德深陷世俗事务中，但他总是能在修士生活和山川河海之间寻求宁静，从凡尘杂物中抽身。事实上，他十分热爱大自然，他说道："相信我，因为我知道，你会在树林里找到比书中的文字还要伟大的东西。石头和树木会教你那些你无法从主那里学到的东西。"

尽管伯纳德试图隐居，但外界需要他。1126年，一封来自耶路撒冷国王鲍德温二世的信证明了这一点，他在寻求帮助。鲍德温二世需

教规

圣殿骑士如何平衡祈祷和战争？

教规要求修士们定期祈祷和工作，但是参加战役的士兵的生活并不规律。为了调和二者的矛盾，如果军事修士由于在野外而不得不错过常规任务的话，教规允许他们用吟诵主祷文（天主经）来代替。因此，如果骑士不参加晨祷，他必须诵读13遍天主经，如果他错过晚祷就要读9遍，要是错过其他修士任务，就要读7遍。

这就使得那些只会用拉丁语读天主经的士兵可以加入圣殿骑士团，圣殿骑士团中有了更多虔诚但受教育程度较低的战斗人员。这项规定还对宣誓终身效忠于骑士团的骑士及其他签约效忠固定年限的骑士生效。新战士被要求谦卑低调。

圣殿骑士团的规定涉及方方面面。圣殿骑士要定期修剪头发和胡须。他们要穿纯白的衣服，禁止穿戴毛皮、珠宝或华丽的衣服。他们的马只能佩戴纯皮革的马具，禁止用金银装饰。

▲ 维多利亚时期的浪漫小说中流行的骑士思想起源于圣殿骑士的教规

▲ 在建立一千年后，西托修道院的修士们继续过着和创始人一样清苦的生活

要为他的大女儿梅利森德找一个丈夫，同时也是未来的国王，因为梅利森德的嫁妆是耶路撒冷王国——鲍德温的王后生了三个女儿，没有儿子，他决定在他还活着的时候为梅利森德找一个合适的丈夫，确保他死后继承权的归属。他心目中的人选是安茹的伯爵富尔克，鲍德温二世写信给伯纳德以确保伯纳德支持这桩婚事，同时他派了一个代表团去欧洲进行谈判。圣殿骑士团的总团长雨果·德·帕英负责这次任务。

1128年4月，雨果得到了富尔克的同意，然后开始了北欧之旅。他途经法国、英格兰和苏格兰，为圣殿骑士团招募士兵并筹款。这次旅行似乎取得了巨大的成功，据《盎格鲁-撒克逊纪事报》报道，雨果在英格兰招募的男性人数超过了第一次十字军东征中的男性人数。

雨果选择让元老级圣殿骑士蒙巴尔的安德烈给伯纳德带封信。虽然雨果的欧洲之行进行得非常顺利，但圣殿骑士们在知道自己有把握成为军事修士之前，仍然需要做两件事：他们需要一个教规和教皇的认可。为此，教会在香槟伯爵的所在地特鲁瓦召开了一次大会，相关人员于1129年1月13日星期日召开了第一次会议。尽管伯纳德病了，但他还是出席了会议。

得到教皇的批准对于圣殿骑士来说并不是一件十拿九稳的事情。对许多修士来说，很明显，修士的使命比十字军东征更重要。至于"教

▲ 有关骑士精神和骑士荣誉的说法大多来自圣殿骑士团对骑士身份的再塑造

规",这不仅仅是一套规则。在中世纪思想中,教规是让一群男人成为基督教政体一部分的手段和方法——它使他们成为一个合法的、社会性的和宗教性的机构。

为审议此事,21名神职人员参与本次会议,其中包括伯纳德、香槟伯爵和内弗斯伯爵。马修是阿尔巴诺主教,他代表教皇霍诺里乌斯二世,作为教皇使节主持本次会议。雨果·德·帕英和其他五名圣殿骑士一起为他们的骑士团辩护。

会议中有两个人频频发言，那就是克莱尔沃的伯纳德和雨果·德·帕英。根据会议的官方书记员，一个叫让·米歇尔的神职人员所说，在辩论、质询和商定圣殿骑士团的教规之前，会议先听取了雨果关于圣殿骑士团的职责和要求的陈述，以及他们目前在履行职责和满足要求方面的情况。关于这种新骑士团的性质和合法性，伯纳德首先阐述了关于改革后的基督教骑士团的概念。在场的每个人都知道暴力者普遍存在于贵族和农民中这个社会大背景。但是贵族有更好的武器且能受到更好的训练，这更为致命。伯纳德和神职人员们为圣殿骑士写下教规。"这一宗教骑士团是为了拯救我们并传播真正的信仰，骑士团得到了繁荣和复兴。"

教皇霍诺里乌斯二世给予了赞许。圣殿骑士由此成为了一个圣职。但是，在克莱尔沃的伯纳德和雨果·德·帕英设立的教规下，圣殿骑士团被命令去实现一些从未尝试过的事情。他们不仅仅是战士，也不仅仅是圣人——他们将成为完美的骑士。

▲ 耶路撒冷国王鲍德温二世是圣殿骑士团早期重要的赞助人
▶ 教皇本笃十六世仍向有独特保守习惯的西多会修士致敬

赞美新骑士
肩负神圣职责的争斗

带着教规返回十字军王国之前，雨果·德·帕英仍然想向在特鲁瓦会议上见过的修道院院长求助。他写信给伯纳德，请他为踏上这条新征程的人写几句忠告。在收到第三封信之后，伯纳德开始写回信，从内心深处赞美新兴的圣殿骑士团。他进一步表达了与新骑士精神有关的思想，同时为骑士团提出了建议。

对伯纳德来说，杀人是一种罪，但消灭罪恶是圣殿骑士的精神和军事职责，二者是有区别的。他们将成为对抗世俗邪恶的积极分子，不让异教徒再次夺走圣地。

▲ 伯纳德和他的修士们在他们于克莱尔沃荒野上修建的修道院里

早期的教令

圣殿骑士团如果没有梵蒂冈的支持,是不可能从保卫耶路撒冷的下层骑士组织,一步步发展到一个全面而又强大的骑士团的。

作者:马丁·孔蒂里奥(Martyn Conterio)

圣殿骑士的崛起得益于12世纪中叶教皇慷慨不断的支持。三位教皇发出的三则教皇令使骑士团得以在中世纪的欧洲和后来被称为奥特雷默(Outremer,十字军国家的名称,出自法语,意为"海外")的国土上繁荣昌盛。官方的支持对骑士团非常有利,为圣殿骑士掌控下一个世纪奠定了基础。同时,也为圣殿骑士团成为现代意义上的"跨国公司"打下了基础。

1119年,圣殿骑士团在耶路撒冷建立。一套于1139年、1144年和1145年颁布的法令,名为教皇令。它以罗马教廷用来鉴定信件的铅印(拉丁语为"bulla")命名,在必要时巩固和重申教皇的权利和义务,同时突显了圣殿骑士团积极、虔诚的声誉。由此圣殿骑士团吸引了王室和农民等人的注意。

教皇令列出了教皇的名字、头衔(主教,上帝仆人的仆人)和即将众所周知的最初的教令内容。对圣殿骑士来说,让教皇站在他们这边是一个重大的成功,尤其是当其他的军事修士团体(包括医院骑士团)为获得认可而奋斗时(其他团体直到1153年才确定自己的教规)。教皇祝福圣殿骑士,这使他们广受欢迎,拥有了更多的威望和他人的信赖。然而,这些教令带来的最大好处是自治权和对神职人员的保护。至少在近200年的时间里,没有人能和圣殿骑士发生冲突。教皇的命令就是上帝的命令。任何企图骚扰圣殿骑士或骑士团的人都有可能被逐出教会,也有可能被禁止参加宗教仪式。

1139年3月29日,教皇英诺森二世发行了第一则教皇令,即《各种美善的恩赐》(Omne datum Optimum),引用了詹姆斯的使徒书中的话:"一切美好而完美的礼物均来自上帝,出于天父的恩赐,天父是永恒的而非像晃动的影子一样变化无常。"

这则教令被寄给了圣殿骑士团的第二位总团长克拉恩的罗伯特。在圣殿骑士团的创始人

▶ 1129年,教皇霍诺里乌斯二世正式承认圣殿骑士团。这为骑士团的进一步发展铺平了道路

▲ 教皇英诺森二世早年深陷与伪教皇阿纳克莱图斯二世的争论和竞争中

▲ 教皇塞莱斯廷二世于1143年9月到1144年3月任职，任期不到一年

兼第一位总团长雨果·德·帕英去世后，他于1136—1147年担任圣殿骑士团的傀儡领袖，并将圣殿骑士置于教皇的直接和唯一保护之下。这意味着除了罗马教廷，他们对任何人都不负责。当然，这是一个大胆且奇异的举动，因为这意味着圣殿骑士不必向国王或当地教会权力低头。教令批准了圣殿骑士的教规，他们将由自己选择的领袖领导，同时他们可以在白斗篷上绣红十字（这是一种使他们成为偶像人物的制服）。他们不必为骑士团所拥有的土地缴税，但可以向租用该土地或其上房产的人征税，从中获得的收入将专门用于圣殿骑士团的相关业务。

教皇英诺森二世利用教令对骑士团大加赞扬。"借着鼓舞人心的恩典，你们成为了专心听信福音的人，抛弃了世俗的炫耀和私有财产，真正地抛弃了通往死亡的宽阔道路，你们谦卑地选择了通往生命的艰难道路。为了证明自己是神的骑士，你们总是胸前挂着给予生命的十字架。"讽刺的是，教皇在法令中使用诸如"谦卑"、"世俗的炫耀"和"私有财产"之类的词语，实质上是在授予圣殿骑士全权证书，这让他们积累了巨大的财富和无数的财产。但按官方说法，没有人拥有任何东西，这些都是为了事业的发展。随着时间的推移，他们变得比国王和整个王国都富有。

教皇塞莱斯廷二世从1143年9月起任职，至1144年3月去世，在这7个月期间，他发布了一则有关支持圣殿骑士的教皇令。1144年1月，圣殿骑士团再次确认了1139年教皇令的内容，并增加了一些条款，例如那些加入圣殿骑士团的人保证会得到一场基督教的葬礼。圣殿骑士团以此作为对那些注册成为团员的人的精神奖励，同时

▲ 阿纳克莱图斯带来的分裂的终结。阿纳克莱图斯二世跪在教皇英诺森二世面前

▲ 圣殿骑士团成为了一个强大的组织。他们在欧洲和中东各地建造和积聚房产

鼓励人们——从国王到普通公民——为慈善事业捐款。圣殿骑士团声称，那些献身于这项高尚事业和"神圣而虔诚的工作"的贤人，缺乏必要的资金来完成这项工作。捐赠者将会获得一种甜美的回馈——赎罪。换言之，把货物、财产和金钱交给圣殿骑士是对主和教会的奉献。这起先只是一种追随耶稣基督脚步的神学理想，后来演变成十字军特定的"十字军东征"，这一切都是为了进一步促进骑士团发展扩大。教令解释说："在这个恩典的时代，圣殿骑士是新来的马卡比人，背负着耶稣的十字架，放弃世俗的欲望和财产。他们是耶稣基督的追随者。"

更为奢侈的是，圣殿骑士们能够在一年中的某一天开放被设"禁令"的教堂并募集捐款。根据教规，禁令适用于个人（神父）或地方（教堂或教区）。它本质上是禁止人们参加神圣仪式，即剥夺一个人的精神生活，并将他们置于某种边缘，直到禁令被取消。

1145年2月，教皇尤金三世和西多会神学家、圣殿骑士的崇拜者，克莱尔沃的伯纳德的一位朋友建立了民兵队"上帝的骑士"。圣殿骑士团有权建立私人祈祷室，任命自己的私人神父管理宗教仪式，并将死者埋葬在特殊的墓地中。收取什一税和租金将使金库里的钱更加充裕，将房地产变成农业产业。同样，任何积累的财富都是免税的。

如果没有《各种美善的恩赐》、《圣殿之大军》（*millitesTempli*）和《神之大军》（*millities Dei*），圣殿骑士团在起步期就不会如此成功，他们也不会从慷慨的捐助者那里积累大量的资产。他们的房地产资产扩增到包括港口、城堡、教堂和其他地产。圣殿骑士有效地在帝国内部建立了一个帝国。圣殿骑士们在没有多少目标感的情况下远离耶路撒冷,并组成了一个"国际银行机构"。如果没有梵蒂冈的认可,圣殿骑士们不会取得所有的成就。他们吹嘘自己通过狂热、虔诚、勇猛、战斗技巧来结交上层人物,正是这些造就了圣殿骑士团,使其繁荣了192年。但以虔诚为幌子的政治最终也使他们倒台。在骑士团的历史中,圣殿骑士都是真正的权力玩家。在中世纪,他们的影响辐散到生活和商业的各个方面。

最后的教令

由教皇给予,最后也由教皇带走。

14世纪初,反对圣殿骑士成为主流。改革早就在酝酿之中,其中包括与圣约翰教团合并的可能。法兰西国王腓力四世(1268—1314)无视教皇在教会事务上的至高无上的地位,煽动开展了一系列针对圣殿骑士的行动(表面上是因为他要破产了,所以掠夺他们的财产和金钱),试图以调查异端为幌子铲除圣殿骑士。

1307年10月13日是个星期五,在臭名昭著的大规模逮捕之后,教皇克雷芒五世试图控制这一复杂的局面,并于同年11月发布了《教皇的最高荣誉》,提醒欧洲的基督教国王,教皇在宗教问题上拥有最高权威。

1308年8月,克雷芒五世发布《宽恕法》,基本上确立了教皇和主教两种形式的职务。然而,他不断承受来自腓力四世的巨大政治压力,这使得克雷芒五世别无选择,只能顺从腓力的意志。一系列教令,如《高处传来之声》(Vox in excelso)、《为预见》(Ad providam)和《近期于会议》(Nuper in concilio),都在1312年发布。此举意在废除圣殿骑士团,并将他们的资产移交给圣约翰骑士团。

▲ 教皇克雷芒五世发布一则教令,将圣殿骑士团的大部分财产转交给圣约翰骑士团

全盛期的
圣殿骑士团

62 圣殿骑士团的第一位总团长

70 圣殿骑士团在欧洲的建立

78 蒙吉萨战役

84 圣殿骑士银行

92 萨拉丁的耶路撒冷之战

104 狮心王理查

116 著名骑士团总团长一览

122 那些互为对手的骑士团

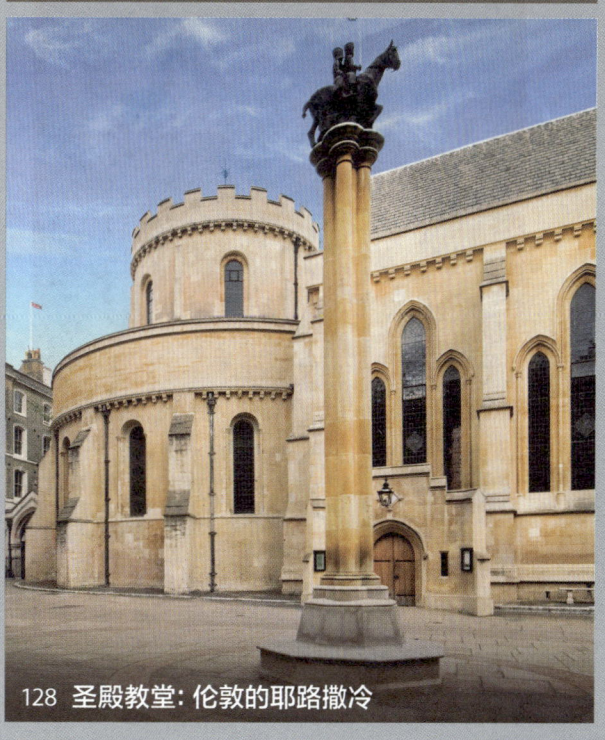
128 圣殿教堂：伦敦的耶路撒冷

圣殿骑士团的
第一位总团长

雨果·德·帕英是圣殿骑士团的第一位总团长，
他在历史上算是一位神秘人物。
他对圣殿骑士团的建立起到了重要作用。

作者：马丁·孔蒂里奥

▲ 一位身份不明的意大利艺术家于14世纪依靠想象创作出的雨果·德·帕英肖像

圣殿骑士团是由雨果·德·帕英在意外胜利后的狂热中创立的。教皇乌尔班二世（1035—1099）发起了第一次十字军东征（1095—1099），以此打击塞尔柱土耳其人并消灭其对拜占廷帝国的潜在威胁。但聚集在一起的法兰克军队（被称为王子十字军）却违背了救助者的职责：他们夺回耶路撒冷，屠杀了剩下的居民。他们作为胜利者所制造的暴力是野蛮且冷血的。因为认为居民可能吞下珠宝和硬币，所以王子十字军就把居民的尸体剖开，以此寻找钱财。几个世纪以来，神职人员一直在争论基督徒自杀是否正当。毕竟，耶稣基督宣扬和平。最后，正如该地区的政府、圣殿骑士团和其他修士所看到的那样，争论得到了解决：杀死异教徒被认为是公正的。

十字军国家（耶路撒冷王国、的黎波里公国、安条克公国和埃德萨伯国）的建立，意味着最初帮助拜占廷基督徒的宗旨，本质上变成了一

▲ 关于圣殿骑士团的第一位总团长雨果·德·帕英的生平信息很少

种土地掠夺和在东方宣扬天主教的行为。随着对伊比利亚半岛的重新征服,在今天欧洲和近东的南部地区,十字军试图推翻伊斯兰的百年统治,这使得此地卷入了基督教和伊斯兰教之间长达几个世纪的战斗。

长期以来,朝圣一直是基督教生活和文化传统的一部分。但即使在成功征服和建立了十字军国家之后,通往耶路撒冷的道路依旧困难重重。但是,胜利无疑增加了朝圣的趋势,来自欧洲各地的人们纷纷前往圣地,通过忏悔寻求教化、祈祷和慰藉。然而,他们很容易受到土匪、奴隶贩子、海盗的攻击,也很容易与穆斯林部落和派别发生小冲突。穆斯林部落和派别已经撤退到巴勒斯坦的外围地区,对他们的法兰克侵略者没有太大影响。从雅法到耶路撒冷的道路尤其危险,中世纪朝圣者不止一次注意到,在寻找代表终极神圣感验的地点时,道路上到处都是那些被砍死者的腐烂尸体。到1119年,十字军国家处于危险的境地。塞尔柱土耳其人和埃及的法蒂玛人与超负荷运转、资金不足的法兰克军队交战。那一年发生了两起大屠杀,数百名基督徒性命堪忧,这意味着这是一个危机四伏的时期。

圣殿骑士团的第一位总团长雨果·德·帕英(1071—1136)的生平信息很少。人们并不确定他是否参加了围攻耶路撒冷的战役,或和随从以法国王室的身份前往圣地朝圣。人们甚至连他的确切来历都不清楚。他是法国人还是意大利人?这种神秘的气氛一直持续到圣殿骑士团在1119年成立。几十年后,当圣殿骑士团兴盛起来时,才出现他的相关记载。毫无疑问,帕英是一个有声望和个人魅力的人,他的支持者都十分有权势。他来自法国东部,并与西多会和香槟地

那些互为对手的骑士团

1113年,教皇帕斯卡尔二世发布了一则名为《至虔意志之请求》(*Pie postulatiovoluntatis*)的教皇令,承认了医院骑士团的存在。这个教团在第一次十字军东征后的几年里出现,尽管他们的首要任务和职责是照顾病人和伤员,但他们也保护基督教朝圣者。此时,他们的军事教团还不够强大,但他们有朝一日会与圣殿骑士相匹敌。

医院骑士的起源和他们在耶路撒冷的存在可以追溯到第一次十字军东征前的几十年。他们的名字来源于意大利商人在靠近圣墓教堂的地方建立的医院,圣墓教堂建在圣约翰修道院的原址上(建于603年,1005年被哈里发哈基姆·比阿姆·阿拉的军队摧毁)。1023年,埃及哈里发批准建造一座新医院,此举是为了强调穆斯林和基督徒之间可以相对和平共处。

1120年,雷蒙德·德·普伊接替创始人兼第一任总团长杰拉德的职位,把这个教团变成了一支强大无畏的战斗力量,在圣地的保护下团结起来照顾病人。他还巧妙地将奥古斯丁的教规改为本笃会的教规。

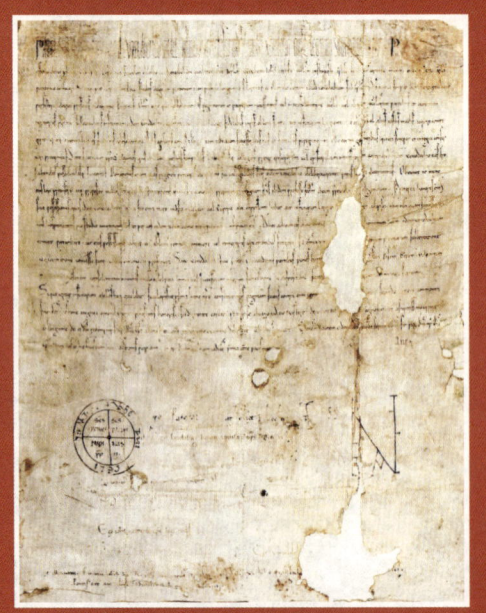

▲ 教皇帕斯卡尔二世的教皇令,承认了由创始人杰拉德·汤姆领导的医院骑士团

▲ 耶路撒冷国王鲍德温二世将所罗门圣殿赠予雨果·德·帕英和戈弗雷·德·圣荷马

区的王室结成政治联盟。克莱尔沃的伯纳德和香槟的伯爵雨果都是圣殿骑士团的早期支持者。

圣殿骑士团在最早的几年中贫困潦倒,他们依靠当地神职人员的捐赠(包括医院骑士的剩饭)生活。这个可怜的修士会分布在圣墓教堂周围。在那里,耶路撒冷国王鲍德温二世将所罗门圣殿赠予雨果·德·帕英和戈弗雷·德·圣荷马,他们承诺服从教会院长杰拉德。作为一个观光胜地,圣墓成为了一个聚集处和集合点。在这里,这个新成立的修士会开始在耶路撒冷成长为一个新成立的政治性集团。他们早期的支持者是国王鲍德温二世。这些修士需要的是人生的目标。他们充当护卫,保护疲惫的朝圣者免受攻击。

雨果·德·帕英花了几天时间说服朝圣者和前帕特骑士参与这项事业。这些人并不是神职人员,但他们虔诚,在战场上有经验,并似乎打算过一种禁欲的修士般的生活。雨果成为他们的领袖,因此被认为是骑士团的创始人。

1120年1月,纳布卢斯议会召开会议,制定法律以对圣地进行管理。该议会制定了25项法令,其中两项法令对迅速发展的骑士团有直接影响。法令都与神父拿起武器保卫国家有关,这些人在杀人时没有罪恶感。新成立的骑士团也从最初圣墓教堂的附属品成为了独立的存在。鲍德温二世在这座与所罗门圣殿有着长久联系的建筑中,为圣殿骑士们提供了一个侧厅,修士会因此得名"圣殿骑士团",是"基督和所罗门圣殿的贫苦骑士团"的简称。

到1125年年中,圣殿骑士团在圣城被认为是朝圣者、基督教王国和与《圣经》相关的附属场所的捍卫者。雨果·德·帕英被认为是骑士团的总团长。这位总团长在政治上的第一次成功是成为鲍德温二世的朋友。大约在1126年的某个时候,鲍德温二世写信给克莱尔沃的伯纳德,赞扬圣殿骑士团,并请他帮助他们寻求教皇的支

持,以及制定一条本笃会的教规,使他们可以通过教规来指引生活和经商。鲍德温二世解释说,圣殿骑士团的使者正在前往欧洲(罗马)的途中。1127年,他们来了。

任务分为两个方面。一是扩大圣殿骑士团的规模,二是在十字军国家和王室之间建立更牢固的联系,以期得到王室的资助。此时鲍德温二世正策划在圣殿骑士团的支持下围攻大马士革。雨果·德·帕英与圣奥马尔的圣殿骑士戈弗雷、罗兰、蒙迪迪耶的佩恩和圣阿尔芒的阿坎巴德同行。1127年到1129年初,这些人进行了广泛的行动。他们受到了贵族的欢迎,并被英格兰国王亨利一世和勃艮第公爵等领导人接见。事实上,这就是今天人们公认的"人际网络",雨果在这方面非常成功。在与亨利一世的会面中,国王允许圣殿骑士团代表团前往英格兰,并在那里开始工作。雨果还利用自己的时间宣传大马士革计划,并招募潜在成员——因为他们遇到的每个人都是潜在的招募者或捐赠者。然而,此行最重要的一点尚未实现,那就是教皇的认可。

雨果一行到了伦敦,甚至到了苏格兰。他遇见了大卫一世(1084—1153),并收获土地。随着时间的推移,由于对圣杯和罗斯林教堂的痴迷,圣殿骑士与苏格兰的联系渐渐退出历史舞台。雨果在哈德良长城以北的行迹纯粹是为了传播消息。在他离开英格兰海岸之前,他任命了一个英格兰人做圣殿的院长。虽然这趟行程的目的并非在欧洲建立基地,但还是需要有人留下来,这个新设立的职位将监督对圣殿骑士的捐赠和相应的财产管理。圣殿骑士的首要任务是确保财富可以被顺利运回圣殿总部(所罗门圣殿)。圣殿骑士团最初的基地是在伦敦的霍尔伯恩地区,几十年后才向南移动到今天被称为圣殿的地区。1185年,他们建造了至今仍然存在的著名教堂——圣殿教堂。

无论如何，去往欧洲的雨果代表团都取得了成功。1129年1月，圣殿骑士的团长和他的同胞们参加了特鲁瓦会议。教皇的使节，阿尔巴诺主教，代表教皇霍诺里乌斯二世出席会议。总团长非常希望他的教团能获得教规和教皇的认可。这份教规由热心的克莱尔沃的伯纳德安排，起草一份拥有68点行为准则（非常严格）的教规。这份教规涵盖了从选拔、衣着、祈祷、禁欲到公共道德的所有方面。他们要避免与妇女发生任何身体接触："任何修士不得擅自亲吻寡妇、处女、母亲、姐妹、姑妈或任何其他妇女。骑士们需要避开女性的亲吻。"

关于他们的白长袍，教规规定："白代表完美的贞操、纯洁的灵魂和健康的身体。"圣殿骑士的独特制服与标志性的红色十字得到了教规的认可。教规还禁止其他骑士团穿白色。"除了上面提到的基督骑士之外，没有人可以穿白色的制服，也没有人可以穿白色的长袍。"等级较低的成员可以穿黑色或棕色的衣服。这些刻板的衣服与这一时期骑士们通常穿的浮夸的服装形成了鲜明的对比。教规规定圣殿骑士也可以杀人。"这支武装的骑士团可以杀死基督教的敌人。"

最后，雨果向聚集在一起的教士发表讲话。会议记录描述说，"我们听从总团长雨果·德·帕英修士的看法。因为自身理解的局限性，我们赞扬了我们认为是好的和有益的，而回避了看起来是错误的。"当圣殿骑士在战场上战斗，或者保卫朝圣者时，他们怎么可能在祷告呢？教规允许他们通过背诵一定次数的主祷文来弥补错过的职责。

对于雨果来说，这份教规肯定了他和他的继任者的地位。总团长的话就是上帝的话。骑士

▼ 1129年，教皇霍诺里乌斯二世正式承认圣殿骑士团的地位。这是圣殿骑士团早期的一个重要事件

▲ 意大利帕加尼的一块街道牌匾，以此纪念雨果·德·帕英。一些学者认为第一位总团长是意大利人，而不是法国人

不能拒绝命令，必须严格按照指示执行命令。教规规定，必须将总团长下达的命令视为"基督亲自下令"。成为圣殿骑士并不容易，他们需要向王子或乞丐敞开心扉。在早期，他们向所有人布道，却不愿意随便接纳每个人。新兵必须表现出虔诚。当贵族雨果·德·昂布瓦兹试图加入骑士团时，他遭到了同名人士的否决。他不适合骑士团，因为对他的调查结果并不合格。阿拉贡国王阿方索（1073—1134）将他的财产遗赠给了圣殿骑士团，这是一种对圣殿骑士表达热情的新方式。这一遗嘱自然受到了他未受感动的继承人的质疑。国王也会在临终前退位并宣誓，这样他们就可以作为圣殿骑士下葬并获得救赎。

1129年，圣殿骑士参与袭击大马士革，雨果在这场欧洲之行中得到提拔。这场袭击一团糟，几乎没有给骑士团带来一丝希望。糟糕的战术决策、恶劣的天气、严重缺乏纪律和不良领导最终导致了失败。

雨果·德·帕英于1136年5月24日去世，但对他的去世并没有详细记录。雨果的遗产是圣殿骑士团的建立和他结交高层的非凡技巧。圣殿骑士们在为神职人员服务的同时，也为战争服务。他们把世俗骑士变成神的勇猛战士，这代表了基督教的理想。圣殿骑士团成为中世纪杰出的军国主义修士军团。然而，他们的垮台和崛起一样迅速。雨果·德·帕英的一生，都在通过他的宗教和政治魅力，为可怜的同胞创造一个坚固的基石，使得这些贫困的基督徒可以虔诚地侍奉上帝，并保护十字军国家。

克莱尔沃的伯纳德

圣殿骑士团的"公关人"

克莱尔沃的伯纳德（1090—1153）在他有生之年，以最受尊敬的神学家和克莱尔沃西多会的创始人而闻名。他于1174年被封为圣伯纳德，1830年被奉为教会的权威神学家。

作为一个有点苛刻的人，他十分善于雄辩。同时他还体贴、热情且富有魅力。他对教会的热情给人留下了深刻的印象。他作为西多会修士过着简朴而节俭的生活。西多会是在勃艮第建立的改革派教团，伯纳德加入教团后，在欧洲各地积极推广，这使他声名鹊起。在他那个时代，伯纳德不屑于与其他修士或个人（比如著名的彼得·阿伯拉德）争论教义。当教皇和国王令他不高兴时，他也对他们进行严惩。伯纳德一生都十分平等地对待朋友和敌人。

伯纳德越来越关注教会的政治，他早期看好的项目是建立一个新的修士战士组织。对于这位西多会的学者来说，圣殿骑士代表了一个拥有如此大潜力的理想群体。他们实现了他建立一支基督教军队的构想，这支军队能够保卫圣地，并清除"异教"分子。1130年，霍诺里乌斯二世去世后，在关于选举新教皇的宗派争论中，伯纳德在讨论中发挥了关键作用。他支持格雷戈里奥·帕帕雷斯基，即教皇英诺森二世，反对皮埃莱奥尼，即阿纳克莱图斯二世。

伯纳德是教会历史上最著名和最重要的教士之一，他对圣殿骑士团的建立起着举足轻重的作用，使圣殿骑士团成功地推进了他们的事业。

▲ 按照现在的说法，克莱尔沃的伯纳德可以被认为是圣殿骑士团的"公关人"

▲ 1119年到1187年，如今的阿克萨清真寺是圣殿骑士团总部的所在地

圣殿骑士团在欧洲的建立

圣殿骑士团之所以能保卫基督教界，是因为它拥有庞大的商业和地产网络。这些产业从爱尔兰延伸到阿克，通过陆海进行连接。

作者：哈雷斯·阿尔·巴斯塔尼

在那时，尽管最初的九名圣殿骑士落魄到没有固定的住所，只能穿着别人捐赠的衣服，但到了1307年骑士团解散时，它已经成为一个遍布欧洲和亚洲，名副其实的金融、军事和文化帝国。圣殿骑士团最初的任务是保护基督徒朝圣者，随着朝圣队伍的壮大，骑士的职责也随之扩大。如果没有财政支持，他们的战争事业是不可能进行的。

虽然在最初的十年中，圣殿骑士的人数显著增长，但随后圣殿骑士团人数骤减。1164年，只有67人的骑士团在哈林损失了60人。1187年，骑士团又在克雷森战役和哈丁战役中损失了290名骑士。在阿克，供养一名骑士一年的费用是90里弗尔（法国古代货币单位），这使得东部军队的招新和维护费用极其高昂。后来，在1244年毁灭性的拉佛比战役中，300名圣殿骑士中只有33名幸存下来。与此同时，能力较弱的圣拉撒路骑士团全军覆没。在路易九世的第一次十字军东征中，法国的年收入是25万里弗尔，圣殿骑士在拉佛比战争中的损失是这一数字的九分之一。

为了减轻圣殿骑士的负担，教皇乌尔班三世命令坎特伯雷大主教和英格兰的教士为他们提供马和武器。然而，这些帮助微乎其微——他们需要4000匹马，每匹马每天消耗11千克食物和6加仑水（约28升）。1140年到1180年，战争成本激增，马匹价格翻了两番，在1220年又翻了一倍。1180年，勃艮第骑士可以用750英亩（1英亩约为0.4公顷）的土地养活自己，但到了1260年，他需要5倍的土地才能维持生计。

为了满足日益增长的财政需求，圣殿骑士团在欧洲各地建立了地方分会和教堂网络，每处都将收入的三分之一支付给东部的同行。正如世俗统治者或教皇可能会为战争或十字军东征征税一样，在艰难的时期，总团长可能会要求所有教士缴纳"附加税"——比如1261年阿克的统治者征收购置西顿城的税款。

圣殿骑士们有时几十个人一起生活，并分享

▲ 阿尔穆罗尔城堡位于葡萄牙的埃布罗河沿岸,是该国最宏伟的城堡之一。圣殿骑士团在占领此地之后重建了它

▲ 圣殿骑士团在欧洲铺建了一个骑士团地方分团的网络，把堡垒、农场、城市、小教堂、港口和各种各样的商业活动融汇在一起

财产。一个普通的教士可能会饲养数百只动物并拥有许多农田、银器、磨坊和几十个仆人，同时他会储备半吨葡萄酒。他们的小教堂配备了教团自己的神职人员，教士们举行仪式、听取忏悔、赦免轻微罪行并举行葬礼。教堂里面装满了来自世界各地的美丽文物，通常还有神秘的物品——包括一小瓶基督的血和真正的十字架碎片。

新兵为教团提供了源源不断的收入。布尔布顿的休是一个家族的首领，他在里塞伦奇东部和南部拥有大量地产。1139年，他加入圣殿骑士团，后来成为一名团长。他和他的儿子把他们所有的家产，包括土地、磨坊、葡萄酒、谷物、家畜、房屋和家具，以及佃户和家仆，都捐给了骑士团。已婚新兵必须交出房子、田地和现金；如果他们死了，他们的妻子只能得到勉强维持生活的费用。

随着圣殿骑士名声的扩大，结交基督教界骑士成为了一种荣誉。在宗教信仰浓厚的中世纪欧洲，从最富有的贵族到最贫穷的农民，每个人都不得不接受他们无法获得救赎的可能。相反，他们面临着无尽的不合理的痛苦。然而，圣殿骑士给他们带来了一线希望，那就是通过牺牲以获得救赎的渺茫机会。这是一种肉体、精神或物质上的"牺牲"。

对富人来说，一笔可观的捐款可能会使局面向有利于自己的方向倾斜。虽然受到继任者的阻挠，但是没有继承人的阿拉贡国王阿方索一世还是被圣殿骑士们所感动，因此他打算把他的王国分给医院骑士团和圣墓的修士。最后，这些骑士得到了城堡及附属领土。除此之外，他们还享受王室收入的十分之一、每年1000索里迪金币的报酬和免除某些通行费及关税的政策。

一些领主极尽能事，为东方的骑士团服务。作为回报，他们被埋葬在圣堂中，每天都有修士为他们的灵魂祈祷。纳瓦拉国王加西亚给予了圣殿骑士们交易的权利，卡斯蒂利亚的阿方索七世给了骑士们一个被遗弃的村庄，他补充道："如果有一天，我的家人或其他人试图收回这些馈赠，那么他就会被上帝诅咒，并与叛徒犹大一起下地狱。"

法国香槟省是著名的战略要地，这里的骑士们有机会参与大型贸易博览会和每周集市。里姆斯的香槟教堂最初是一个由大主教赠予的小教堂，教团在教堂内增设了宿舍和马厩。它巧妙地利用了当地的大量人口，得到了社会各阶层的支持，并最终成为法国东部最重要的圣殿骑士中心之一。

教团在当地的讣告上列出了一份长达42页的名单，记载了从11世纪60年代到1307年去世的所有捐赠者的姓名。教团的赞助人包括法国国王腓力二世、大主教、主教、伯爵、伯爵夫人、34名神职人员、一名铸币工和一名面包师等。所有197名非圣殿骑士要么留下他们自己的捐款，要么有一人代表他们捐款。捐赠的形式有现金、葡萄园、土地、玉米、马和市场摊位，甚至还有在特殊场合使用的灯油。

在普罗万，圣殿骑士团拥有70处房产，包括一个城镇广场和各种商店。他们在周围地区也拥有一些产业。在这里，圣殿骑士们享受着来自商业与精神的馈赠。例如，1171年，一个名叫亨利·拉博尔德的人用他的石头房子和旁边的房子换来了圣殿骑士的房子和60里弗尔；1211年昆西的安塞尔和他的妻子给骑士团免费转让了两个水果摊位，这是一种出于信仰的投资。

圣殿骑士不仅饲养马和驮畜，还经营磨坊、利用瓦伦河沿岸的捕鱼权赚钱并在城外充当地主。他们经营自己的庄园、葡萄园和林地，同时还垄断磨坊、碳窑和榨酒的权利——他们收取什

依旧存在

现有骑士圣殿遗址

在西班牙，卡斯蒂利亚国王阿方索六世建造了圣塞万多城堡，以此表彰圣徒塞万多和圣徒日尔曼诺。此地靠近罗马阿尔坎塔拉大桥，这个战略位置使它当仁不让地成为了对抗摩尔人的前线。城堡建在阿拉伯防御工事的遗址上，后来被国王阿方索八世赠给圣殿骑士。今天，游客们可以参观这个被认为是"闹鬼"的地方，寻找残忍的圣殿骑士唐·努尼奥·阿尔韦尔的鬼魂。

在英国，埃塞克斯郡的克雷辛神庙是圣殿骑士团在英国的第一份地产。这份礼物来自马蒂尔达女王和斯蒂芬国王，二人是混乱时期的统治者。圣殿骑士把农耕社区发展成埃塞克斯最重要的庄园之一。如今，两个一级的木材仓库幸存了下来，是欧洲最古老的和保存最完整的。最初它们被交给医院骑士团管理，后来在1381年的农民起义中被洗劫，最终在内战期间被王家占领。

位于法国的骑士团的领地位于拉尔扎克海岸，核心是拉库韦尔图瓦拉德。它是一个堡垒，且有自己的地牢和两座隐约可见的塔。拉库韦尔图瓦拉德是法国唯一的一座圣殿骑士城堡，它可容纳600名居民。医院骑士团后来将此地改造升级，增加了壮观的幕墙。

▲ 圣殿骑士在伊比利亚的领地，比如西班牙的圣塞万多城堡，往往比欧洲其他地方的要塞更坚固

▲ 随着得到永恒救赎的希望越来越渺茫，基督教徒慷慨地向教士们捐赠，希望有朝一日可以被埋葬在圣堂中，并有人为他们的灵魂祈祷

▼ 在他们自己的领地之外，圣殿骑士购买并开发了彼此间相邻的地产，打造了坚固的城市社区

一税和租金等。他们把一家瓷砖厂租给了一个叫吉尔伯特的人长达10年。在这10年中，他每年要向骑士团付6里弗尔的租金。此外，他有义务以固定价格向圣殿提供瓷砖，并存入价值30里弗尔的个人物品。

扩大圣殿骑士的影响不仅可以帮助教团增加威望，还可以帮助他们开拓新的产业。在托斯卡纳，他们在山上开采铜、铁和明矾，为朝圣者建立了收容所和附属的金融中心。在阿拉贡北部的胡埃斯卡，他们投资葡萄园、果园、橄榄园、牧场、磨坊和鸽舍。他们在全城购买房屋和商店，并免费得到了一座与他们的教堂相邻的宫殿。阿尔贝罗的加西亚·洛佩兹和吉米内斯领主甚至允许圣殿骑士永远自由地使用他们地产上的水源。作为回报，他们可以得到一小块土地。

在缺乏巨额捐赠的情况下，骑士团通过累积微小的捐款来增加资产。一些圣殿骑士在入会时捐了很多钱。以斯考的彼得，交出了他的别

不同阶层的人在骑士团中的分工与职责

圣殿骑士团的最高职位是总团长。他是这个教团的头儿,在前线带领队伍。他身后跟着几位主管,负责管理各个领地。管理各教区、地产和庄园的地方教堂长,由总团长临时提名,最终由总分会投票选出。

每座圣殿骑士团的教堂都由一名司令官和一名神父管理,后者通常是被临时任命的。在他们的监视下,骑士们做着一些很朴实的工作。大型分会有负责收集和分发施舍的,管理建筑开发和训诫仆人的,监督征用、建筑和马厩的,分发衣服和床单的。有些骑士在有特定商业性质的教堂中工作,他们可能会吹嘘自己是一个货币兑换商、收税官或葡萄酒销售商。

下级骑士往往会做一些粗活——种地、在厨房工作或者养猪。他们会得到一整套来自其他家庭的工人、仆人和奴隶的帮助,而农奴则在周围的土地上劳作。仆人中包括各种各样的雇员,比如牧羊人、看门人、面包师、酿酒人、厨师,还有马驹的饲养员。

▲ 在诸如苏格兰西洛锡安的托菲钦这样的教团里,圣殿骑士们共同生活,致力于发展教团并接济穷人

墅、土地、身体和灵魂,作为终生生计的回报;在奥德山谷,一位名叫阿尔巴斯雷蒙德的骑士把自己别墅里所有的财产、一块地、半个葡萄园和三分之一的橄榄林,都遗赠给了杜森圣殿。捐赠的形式通常十分多样。一个奥塔多勋爵不仅捐了他的房子和土地,还捐了他的两只骡子、20头猪和一件锁子甲。除此之外,他还捐了一把剑、一根长矛、一个盾牌、一顶头盔、一个马鞍、一个帐篷、一块地毯、一个陶罐、一张床、三个羽毛枕头、一条骡子的毯子和一条囚犯用的链子。在其他地方,一些人会向骑士团转让奴隶,如在1165年,有人将威廉·蒙尼尔、他的兄弟阿诺德和他的妹妹威尔玛交给教团,以此换取155枚索里迪。

从法国北部和普罗旺斯开始,骑士团很快就占据了欧洲的主要陆路和港口——通过大西洋海岸和海峡穿过英格兰,再穿过阿尔卑斯山,最终到达意大利。通常,几个较小的庄园中会驻扎少量圣殿骑士。这些庄园坐落于当地骑士团周边,由当地骑士团管理。在巅峰时期,圣殿骑士团拥有870座城堡和教堂,以及9000个庄园,每个地方都为圣地配备了一名骑士,这就形成了一个庞大的供应链。1256年至1273年,托马斯·贝拉尔就任圣殿骑士团总团长。在这期间,他因与蒙古人和马穆鲁克人之间产生的麻烦致函沙托丹。这封信在一周内就被转交到了阿基坦的教皇和主教手中。

在哈里发统治的科尔多瓦国解体后,随着基督教的不断发展,教团还在阿拉贡的埃布罗河和葡萄牙的塔古河(另一个基督教前线)沿岸建立住所,以此对抗摩尔人。因此,教团的这类房屋比欧洲其他地区的更为坚固。在维拉斯塔尔,圣殿骑士把土地给了30个撒拉逊定居者,以此换得了一份长长的什一税和祭品清单,内容涵盖了水果、母鸡及现金等。

在一些如佩皮尼昂和阿拉贡这样重要的城

▲ 克雷辛神庙是圣殿骑士团在英格兰的第一块地产，随后它成为了他们在埃塞克斯最重要的庄园，同时也是一个相当大的农业社区

市，圣殿骑士购买了资产，并在其中开辟了一个防御区。由于占地面积辽阔，海运成为了骑士团帝国的一个重要组成部分。海运的作用在将朝圣者和补给运到圣地的时候发挥到了极致。在马赛，骑士团们享有不受限制的载运朝圣者和商人的权利。这种特权激起了被抢了生意的当地人的愤怒，于是每年只有两个骑士团能享有这项特权。

由于急于建立自己的物流中心，圣殿骑士团在被称为"世界上最好的"布里辛迪的重要港口以及巴莱塔、特兰尼和巴里设立了办事处。在这里，他们把朝圣者、石油、葡萄酒、谷物、马匹、武器、布料装上船，开往阿克。在这期间，骑士团享受向圣地非商业出口的免税待遇。在西西里岛，他们在墨西拿（另一条西西里农产品

通道）经营着一处事务所，为那些从普罗旺斯和加泰罗尼亚来的人提供一个歇脚处。骑士团的规模迅速增长，这让腓特烈二世害怕骑士团会获得"整个王国"，因此他不得不限制骑士团的业务。

圣殿骑士团定期与正规的商业运营商合作。比如，1293年，他们购买了六艘威尼斯战舰；1300年，他们租用了一艘55人的热那亚战舰。除此之外，他们还在地中海干船坞建造了自己的货运船。有争议的是，他们在全球奴隶贸易中心西利亚的阿亚斯建立了一个码头，带回来自土耳其、俄罗斯、切尔克西（Circassion）和希腊的俘虏，供意大利南部和阿拉贡的教堂使用。佛洛尔的罗杰是圣殿骑士团的船长，指挥号称"有史以来最伟大的船只"——"猎鹰号"。这艘船

不仅用于贸易,据称也用于海盗活动,后来在阿克沦陷后被用来营救妇女和重要人物,同时也被用来重夺财宝。

圣殿骑士团涉猎世界各地的产业,成为一个无所不能的机器。如果没有房地产、资源和基础设施作为后盾,骑士团就不可能维持其军事拓展。如果没有经济基础而仅靠耶路撒冷王国的300名骑士,骑士团就不可能供养一支有7000名骑士的部队,也不可能购买城市、保护朝圣者并在基督教国家的边界上建造城堡。圣殿骑士最终被逮捕并解散,大部分是由于财产的缘故,这些财产都经过了彻底的审查。最终,他们的财产被转交给了开始受欢迎的医院骑士团,也有一些被法国人买了下来。

▲ 圣殿骑士团的势力范围一直延伸到爱尔兰。1210年,他们在那里建造了卡斯特勒马蒂尔城堡,后来又建立了一个村庄

▼ 圣殿骑士管理着一支在欧洲和圣地之间往返的舰队。他们的肖像画后来被装饰在哥伦布的"圣玛利亚号"上

蒙吉萨战役

地点：圣地，以色列中部
时间：1177年11月25日

作者：默里·达姆（Murray Dahm）

▲ 一幅19世纪描述蒙吉萨战役的版画，展示了十字军横扫萨拉丁军队的场面

蒙吉萨战役中，耶路撒冷王国出人意料地击败了萨拉丁的军队——前者的人数远远少于后者。拉丁人的胜利使萨拉丁停下了原本无可阻挡的脚步。

耶路撒冷王国一直处于危险的境地。它被穆斯林军队包围，缺乏来自欧洲和拜占廷帝国的基督教盟友的资源和支持。17世纪70年代，萨拉丁在埃及和叙利亚的崛起对其来说是一个严重的威胁。萨拉丁作为法蒂玛埃及的维齐尔（伊斯兰国家历史上对宫廷大臣的称谓）上台执政。1171年，他推翻了法蒂玛王朝政权，取而代之的是他自己的阿尤布王朝。他出征叙利亚，占领了大马士革、哈马和霍姆斯，以此扩大他的帝国。从他最早在埃及担任军事职务起，萨拉丁就与十字军国家和拜占廷帝国交战。

1174年，耶路撒冷的新国王——14岁的鲍德温四世——被诊断出患有麻风病，这本身就是一场危机。鲍德温在自己统治的前两年里，受摄政王的黎波里的雷蒙德三世伯爵的制约，但随后

▲ 查尔斯·菲利普·拉里维埃描绘的《蒙吉萨战役》展示了鲍德温四世坐在椅子上指挥的样子

他证明了自己的魄力、能力和勇气。1177年，他计划从水路和陆路入侵埃及。6月，拜占廷皇帝曼努埃尔一世提供了一艘军舰，载着十字军从阿克起航。军队成员由耶路撒冷王国、的黎波里公国以及圣殿骑士团和医院骑士团提供。佛兰德斯伯爵、鲍德温的堂兄菲利普一世也前往圣地，参加这次远征。他于8月登陆，出乎意料地拒绝前往埃及（或者拒绝接受耶路撒冷的摄政权）。相反，菲利普决定陪同的黎波里远征队的雷蒙德前往叙利亚北部的穆斯林大本营哈马（又称哈里姆）。医院骑士、大批圣殿骑士和100名耶路撒冷骑士与他们同行。

这使得耶路撒冷王国几乎没有军队保卫自己的领土。萨拉丁一得知十字军北伐的消息，就立即组织了一次突袭。耶路撒冷国王的传记作者提尔的威廉在他的《海上行动》（Deeds Done Beyond The Sea）中提到，萨拉丁"从各种渠道集结了大量的军队，武器和各种战争中常用的物资更是充分，这使得他们装备得比平时更好。接着他就率领这支军队离开了埃及。"威廉还补充道，他进行了"仔细调查"（暗示他在场），"26000名轻骑兵，以及骑在骆驼和驮畜上的其他骑兵，进入了我们的领土。其中，8000人是名为塔辛的杰出士兵，另外18000人是被称为康纳格斯的普通骑士。"威廉还写道："1000个最勇敢的骑士充当萨拉丁的保镖。这些人的胸甲都披上了黄色的丝绸，这是萨拉丁本人所穿的颜色。"

萨拉丁向阿里什进军，把沉重的军用行李留在那里。他的突袭行动很快，打算在乡村中掠夺那些他没有带的东西。萨拉丁于11月18日越境进入拉丁王国，向北挺进加沙。鲍德温得知萨拉丁入侵后，"匆忙召集了仍留在王国中的军队……无论阶级和身体情况，所得人数仅为375人。"（提尔的威廉）这稀少的人数印证了萨拉丁军队的人数远超鲍德温军队人数的说法。估计鲍德温只有3000~4000名步兵。

萨拉丁绕过了加沙，但一支由所有可参战

的圣殿骑士组成的驻军在那里集结，阻止他攻击加沙。提尔的威廉写道，只有80名圣殿骑士守在那里，这证明了耶路撒冷王国的军队人数十分稀少。

萨拉丁向阿斯卡隆挺进，但鲍德温的军队已经在那里了。鲍德温带着匆忙集结的军队，赶在萨拉丁之前到达城市，并在阿斯卡隆城外集结兵力。他没有主动引战，但双方发生了一些小型争斗。这给了萨拉丁信心，他认为不会在公开的战斗中遇到鲍德温，所以第二天，他派出了他的特遣队去劫掠乡村。萨拉丁的一名指挥官烧毁了拉姆拉并包围了利达。得知这一消息后，鲍德温决定出击并从加沙召唤圣殿骑士。提尔的威廉总结道，鲍德温"立即指挥他的所有部队，包括骑兵和步兵，在所有阵式中对抗。与他一起的还有留在加沙的圣殿骑士团的修士们，他们一起组成战斗兵团，准备迎接敌人"。从那里开始，鲍德温的部队很可能已经在跟踪萨拉丁的军队前行。但是其他现代历史学家认为，鲍德温是向北行进，然后向内陆进军，以此避免被萨拉丁发现。军队可能是向伊贝林进军，那里是一个很好的中转站。

提尔的威廉对鲍德温军队部署的描述似乎不是特别有用："尽管如此，他们还是严阵以待，按照一定的顺序安排了第一次进攻的人和预备救援的人。"我们可以用这个说法来推测，鲍德温

▲ 基督教徒与萨拉丁统治的撒拉逊人作战，出自提尔的威廉所著《史记》

很可能把军队部署在三个师的标准阵型中。骑士们在前面,步兵在后面。但一些关于这场战斗的现代研究并不认同威廉描述的士兵数量,他们认为鲍德温有500名圣殿骑士和他自己的500名士兵。而提尔的威廉只记录了80名圣殿骑士,由于他似乎一直在场,所以他的说法更被大众认可。他记录鲍德温当时总共拥有450名骑士——人数非常少。

提尔的威廉对这场战斗本身的描述很简短:"双方的战斗人员在逐渐接近对方,随后发生了一场起初犹豫不决的战斗,但双方的力量非常不均等。然而,基督教徒们凭借天赐在他们身上的恩典,很快就开始以越来越大胆的态度继续前进:萨拉丁的防线被打破,在一场可怕的屠杀之后,他被迫逃离。"

阿拉伯人巴哈丁在《萨拉丁罕见而卓越的历史》的第53章中也为我们提供了这场战斗的描述。我们得知,是雷纳德而不是鲍德温负责指挥军队,这显然更合理。因为雷纳德是在场的高级指挥官,而鲍德温患有麻风病,他的右臂残废且通常必须躺在担架上。鲍德温的传记作者把他作为叙述的中心,这是可以理解的。

巴哈丁告诉我们,他是从对萨拉丁本人的采访中了解到他的信息的。《萨拉丁罕见而卓越的历史》中是这样描述的:"穆斯林已经准备好战斗,当敌人接近时,我们中的一些人决定,右翼应该向左转,左翼应该向中间横穿。这样当战斗开始时,他们可能会背对着拉姆拉山。当他们在这次部署中被捕时,法兰克人告诫他们,是上帝判决了他们的失败。"萨拉丁军团的战术错误与法兰克人的军事力量共同决定了基督徒们的胜利。但在威廉看来,这些荣誉都归功于他们的信仰。

萨拉丁的部队在被围困后溃逃了。他的马穆鲁克近卫在前冲锋,并以他们的牺牲换来了萨拉丁的逃脱。在另一个阿拉伯人写的传记《叙利亚之雷霆》中,萨拉丁的侄子塔基丁也在前线,这一点我们也从其他阿拉伯资料中得到了证实。塔基丁的儿子艾哈迈德在袭击法兰克人时阵亡。这场失败对萨拉丁来说是一场灾难。据威廉所说,萨拉丁的部队被追杀了12英里。此后,仅有少量的萨拉丁军队返回埃及。他们在穿越西奈半岛时遭遇了巨大的困难,死伤惨重。据估计,萨拉丁损失了90%的兵力。据现代的记录推测,拉丁人死亡1100人,受伤750人。提尔的威廉写道:"在交战一开始,我们就失去了四五名骑士和一些步兵,但具体数字不得而知。"

萨拉丁在蒙吉萨之战后重新集结军队。耶路撒冷王国因此获得了喘息的机会,但也仅此而已。1187年,萨拉丁再次入侵耶路撒冷,在哈丁角获得了一场决定性战役的胜利,随后占领了耶路撒冷。

耶路撒冷

部队人数
3000—4000

骑士人数
375

圣殿骑士
80

领导者：鲍德温四世

1174年，14岁的鲍德温登上耶路撒冷王国的王位。那时他已经患有麻风病。他一直统治王国至1185年。
- 一心维护国家的意志。
- 身患麻风病，打仗的时候才16岁。

关键部队：圣殿骑士

圣殿骑士团是一个天主教军事组织。它成立于1119年，旨在保护耶路撒冷的朝圣者。
- 强大而专注，资源充足。
- 热诚且好斗。

骑士的武装剑

十字军东征中，骑士最典型的武器是一把直的、双刃的、单手的、有十字形刀柄的剑。
- 细长、有力且利于维持平衡。
- 单手且相对较短（69—81厘米）。

1117 年 11 月 25 日

耶路撒冷王国出人意料地战胜了萨拉丁的军队

1.入侵计划受阻

鲍德温曾打算利用拜占廷皇帝舰队的船只，通过两栖登陆的方式，入侵阿尤布王朝的埃及。他本打算从阿克港发动这次入侵，但1177年8月抵达拉丁王国的佛兰德斯的菲利浦伯爵对这一计划毫无热情，这项计划（以及与拜占廷人的联盟）最终不了了之。

	皇家领地
	贵族领地
♛▲	位于皇家领地的城市
⛨▲	侍奉国王的骑士，1180年
⚑▲	领主所在地
	主教
	大主教
	主教辖区

2.入侵叙利亚南部

菲利普决定不入侵埃及，而是加入的黎波里雷蒙德三世的部队，在叙利亚南部对萨拉丁叔叔控制的哈马要塞发动攻击。鲍德温派出100名骑士支持菲利浦的入侵，并被迫搁置他入侵阿尤布领土的计划。

10. 萨拉丁溃败
萨拉丁的大部分部队伤亡惨重,他们四处溃逃,只剩下了1000多人的马穆鲁克近卫。他们不停突围以保护萨拉丁逃跑,萨拉丁骑上了一只敏捷的骆驼,向南撤退。鲍德温的部队追捕逃亡的阿尤布人直到天黑。

9. 鲍德温挺身而出
鲍德温因为雷纳尔和真十字架的存在而感到放心。他立即指挥袭击,并在穆斯林军队完成部署之前与他们交战。骑士们冲锋在前,随后是步兵。骑士的冲锋扩大了穆斯林防线的缺口,因此步兵得以迅速跟进并利用骑士造成的缺口发动攻击。

阿尤布王朝

部队人数 **9600**
重骑兵 **2600**
轻骑兵 **6000**
马穆鲁克近卫 **1000**

8. 发现萨拉丁
11月25日拂晓后不久,鲍德温在伊贝林城堡的侦察兵发现了一支庞大的穆斯林军队,他们正穿过山谷向南行进。国王命令他的军队进入战斗状态,并部署了三个师的兵力。他们面对的是萨拉丁自己指挥的部队,尽管他已经撤军,但军队人数仍然是鲍德温部队的三倍。萨拉丁试图召回他的特遣队。

领导者:萨拉丁

萨拉丁是库尔德逊尼派穆斯林,埃及的苏丹,阿尤布王朝创始人,曾与十字军国家作战。
+ 杰出的军事领袖。
- 雄心勃勃,数量庞大的敌人意味着他几乎永远处于战争状态。

7. 萨拉丁将部队散开
萨拉丁在北上攻打和围攻城镇时,将士兵分散成小规模的部队,只给自己留下约6000名轻骑兵和2600名重骑兵。

关键部队:塔瓦什

塔瓦什是萨拉丁军队中全副武装的专业精英骑兵。

+ 他们全副武装,身披铠甲,是萨拉丁骑兵队的核心。
- 他们的人数相对较少,这意味着他们可能会被其他类型的部队毁灭。

6. 鲍德温坚定决心
鲍德温得知萨拉丁向北进军所带来的破坏后,决心在公开的战斗中面对萨拉丁。他寄信给尤德斯,鼓励他从加沙突围,和圣殿骑士一起来到阿斯卡隆。联军从阿斯卡隆出发,向北行军至拉姆拉以南的伊贝林城堡。鲍德温和他的指挥官打算将城堡作为基地,对萨拉丁发动攻击。

短弯刀
剑在穆斯林军队和十字军中都十分常见,9世纪开始引进弯曲的单手赛施尔长刀。
+ 轻而结实,适合步兵和骑兵。
- 单刃,不适合刺戳。

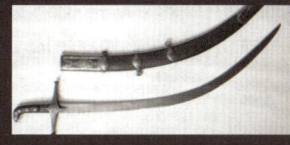

5. 鲍德温出征
鲍德温得知萨拉丁的目的地是阿斯卡隆,尽可能召集力量向它进军。这其中包括大约450名骑士和3000~4000名步兵,大部分士兵是长矛兵,也包括一些弩手。主要的指挥官有雷纳尔·德·查蒂伦、伊贝林的贝里昂、耶路撒冷的总管约瑟林伯爵。同样陪伴鲍德温的还有伯利恒的阿尔伯特主教,他携带着1099年于耶路撒冷发现的真十字架。

3. 萨拉丁入侵
萨拉丁在得知菲利浦离去并带走了鲍德温的一些骑士后,入侵了耶路撒冷王国。他突袭一些城市和据点,发现鲍德温的军队力量十分弱小。11月18日,他率领18000名轻骑兵和8000名重骑兵入侵加沙。

4. 圣殿骑士的反攻
圣殿骑士团总团长尤德斯·德·阿曼德派出80名骑士前往加沙的山顶要塞。萨拉丁留下一支小部队围攻他们,随后继续进军阿斯卡隆。

圣殿骑士银行

通过错综复杂的物流网、庞大的现金储备、担保凭证和宗教许可，圣殿骑士团创建了现代银行的雏形。

作者：哈雷斯·阿尔·巴斯塔尼

据记载，1119年圣殿骑士团首次集结，他们誓愿守贫、禁欲和服从，也依旧面临着重重困难。然而，仅仅10年后，他们就得到了教会的认可。又过了10年，教皇英诺森二世发布了一份名为《各种美善的恩赐》的训令，授予他们一份长长的特权清单——包括随时从穆斯林手中拿走战利品的权利。最重要的是，他们不仅可以免交教会的什一税（将十分之一的农产品支付给教堂），还能根据教区神父的权威来收取什一税。这是对圣殿骑士团这一新兴组织的有力支持，也为他们未来创造庞大的财富奠定了基础。

圣殿骑士团通过传播清规戒律，在欧洲各地形成了势力，因此当地赞助人也为他们提供了类似的税费优惠，比如允许他们作为地主在市场和集市上征收通行费和关税。像法国香槟这样的省份，贸易繁荣，每年可以举办三次展销会，交易场所每周营业，圣殿骑士可以提高对羊毛、纱线、牲畜和皮革的税收。

每年圣殿骑士团都会举行省分会会议，他们从教士那里集资，之后送到法国，然后转交给在东部的十字军。随着免税权利的出现及土地和财产的大量注入，圣殿骑士拥有了源源不断的现金流并铺建了一个可以长途运输的物流网，由此很快造就了世界上第一家以放贷、储存贵重物品和国际性资金转移为职责的"银行"。

▶ 圣路易在埃及被俘后，在圣殿骑士银行的帮助下才得以还清赎金

▲ 国王约翰向圣殿骑士借了很多钱,并把他的王冠上的珠宝存放在伦敦圣殿中

▼ 巴黎圣殿是一座名副其实的堡垒,它守卫着圣殿骑士团的全球金融总部和法国王室财政部

虽然修道院长期为人们储存珍贵物品，但朝圣热潮和十字军东征为其带来了巨大的资金缺口，故而修士们也纷纷开始贷款。得益于骑士团的特殊地位及强大辐射力，圣殿骑士们可以为前往圣地的朝圣者和骑士提供金融服务。他们在地中海两岸设立了分部，在巴黎和伦敦设有大型综合性银行。他们的金融总部巴黎圣殿是一座50米高的四层城堡，周围有高墙和高塔，是一座名副其实的堡垒。在1254年亨利三世法国之行期间，这里是唯一一个足以容纳亨利三世随行人员的地方。

骑士团最受欢迎的服务是使用圣殿骑士的房子来储存资金、贵重物品和重要的文件，如条约和遗嘱。客户会收到一张票据，上面写着他们存了什么。凭借这种票据，客户可以在各地的骑士团支部取出钱财。对于将离家数年且直面死亡的十字军士兵和朝圣者来说，这些存款或贷款的凭证，为他们的旅程提供了保障。

圣殿骑士还会作为遗嘱的执行人。1220年，当巴黎的皮埃尔·萨拉辛准备前往圣地亚哥·德孔波斯特拉朝圣时，留下了遗嘱和资产。遗嘱中称，如果他死了，圣殿骑士团将以他的灵魂和家人朋友的名义给圣维克多修道院的穷人分发面包。同时，他的母亲将得到100里弗尔，在他的继承人成年后，圣殿骑士团会将他的剩余财产交给他们。

路易七世通过向圣殿骑士团借钱发起了第二次十字军东征，他的贷款数目之巨大差点造成圣殿骑士团破产。这也促使骑士团将贷款政策从临时受理调整为要求债务人提供担保。当君士坦丁堡的鲍德温二世试图向圣殿骑士借"一大笔钱"时，圣殿骑士深知他所处的财务困境，故而让他将一枚价值连城的真十字架当作担保。

在第七次十字军东征中，路易九世，也称圣路易，在尼罗河三角洲的一次意外战败后被俘

中世纪货币

早期的欧洲货币

尽管一些圣殿骑士银行的顾客用牲畜或小麦等实物还贷，但中世纪的交易一般都会通过现金。对欧洲人来说，他们通常使用圆形的铸币。铸造印有自己头像的硬币是建立新君主统治的重要一步，这使帝王可以名正言顺地统治帝国。铸币的正面印有统治者的名字和头衔，周边环绕着各种铭文。背面是一个铸币厂的标志，覆盖在各种各样的图像上——盾形纹章、宗教象征，或者两者兼有之。雕刻师的技术决定了铸币的清晰度和趣味性。

13世纪之前，大多数硬币都是由银制成的。首先熔化银锭并将其锻造成硬币，之后经过漫长的热处理、锤击、切割、轧制和热烫过程而制成。传统上，会将这些钱币放置在一对手持模具之间，将正面和反面的图案同时印上。然而，传统手工很快就被批量生产所取代。欧洲货币种类繁多，从法国的里弗尔到以黄金为基础的佛罗伦萨的弗洛林和威尼斯的达克特，不一而足。货币会因品质降低、在硬币上加铜或减轻重量而贬值。

▲ 在谋杀了托马斯·贝克特后，亨利二世通过圣殿骑士存放赎罪基金

虏，无法筹集到30000里弗尔的赎金。绝望中，一位备受尊敬的路易九世宫廷编年史学家乔维尔求助于圣殿骑士团——他们在埃及海岸外的船只上存放了钱，然而船主拒绝了这项请求，因为这些钱是由另一个客户存起来的，其他任何人不被允许登船。乔维尔手拿斧头，登上了那艘船，轻而易举地拿走了现金，帮圣路易还请了赎金。

圣路易在埃及发动了长达两年的史诗级战争，在此之后，他乘船前往巴勒斯坦，并在那里继续进行了为期四年的十字军东征。乔维尔的战争记述中简单提到了他对圣殿骑士银行系统的感受。1250年夏天，这位编年史学家驻扎在阿克里的军队里，得到了400里弗尔的报酬，他保留了40里弗尔，其余的都交给了圣殿骑士寄存。

然而，当他后来派人取回这360个里弗尔时，圣殿指挥官否认他们存有乔维尔的钱，甚至宣称并不认识此人。乔维尔与曾经的元帅维希当面对质，维希反驳道："乔维尔大人，我非常喜欢你，但你要知道，如果你不撤回这一诉求，我将不再爱你，因为你的这番举动会让人们认为我们的兄弟是贼。"但四天后，维希帮助乔维尔找到了钱，而且将之前得罪他的指挥官悄悄地调离了原职位。

并非所有的交易都与十字军东征有关。1213年，被逐出教会的国王约翰被解除职务，于是他不得不借9马克的黄金来支付赦免金以祈求教会宽恕。在《大宪章》颁布之前，他刚借了1100马克，后来又借了2000马克，用来支付波托和加斯科尼士兵的费用支出。他还把王冠上的珠宝存放在伦敦的新圣殿里，不过他的儿子把这些珠宝转移到巴黎圣殿，作为贷款的担保，以贷得第二次男爵战争所需的资金。

借钱的事情不仅发生在王室身上。12世纪60年代，马穆鲁克王朝第四任苏丹拜伯尔斯一世

▲ 编年史学家让·德·乔维尔描述了圣殿骑士在赎回圣路易和追回他"丢失"的财产中的作用

▲ 十字军东征花费不菲，预备骑士们不仅从圣殿骑士银行贷款来支付开销，还把他们的贵重物品存到银行保管

重挫十字军，耶路撒冷的族长向巴黎圣殿指挥官发送了一长串需求清单。他要求指挥官贷款出资以雇用弩兵、留住50名法国骑士，并替保卫城市的士兵偿还贷款。

尽管教规严格禁止收取利息，但圣殿骑士们仍旧利用各种漏洞赚取行政费用和外快，或操纵货币市场。后来，他们明目张胆地以"行政""开支""利息"的名义向英国国王爱德华一世索要5333里弗尔、6索里迪金币和8第纳尔。

尽管在圣殿骑士团的金融系统中确实发生过一些丑闻，但圣殿骑士银行运作着一个周密的系统，对账目进行细致的记录。卡斯泰尔的布兰奇皇太后就是骑士银行一位十分富有的客户，她每年可以在圣烛节、耶稣升天日和诸圣节收取账款三次。在她1243年的圣烛节财务报告书中，记录了结转的金额、贷项和借项，以及每个项目的起运地和目的地。

雄伟的巴黎金融堡垒有自己的付款台来记录日常活动。现存的8张保存记录的羊皮纸上，列出了从1295年3月19日至1296年7月4日的222份记录。每个条目都列出了当班的圣殿骑士的名字，以及各种交易种类、付款金额、储户和受益人的名字、资金来源及登记的收据。

我们从60份账单中总结出五类客户——寺庙官员、教会要员、国王、王室成员和贵族。他们中大多数人选择由代理人或官员代表他们进行交易。7月、11月和12月是银行最繁忙的时候，因为银行会在6月24日的"施洗者圣约翰节"和11月1日的"全圣日"前后收取定金。银行通常每周营业3至5天，但在特别繁忙的时期，可以连续营业11天。

随着欧洲经济的不断增长，圣殿骑士为维护国家主权而带来的成本也在不断上升。他们渐渐发现自己处于欧洲大陆金融体系的核心，并以前所未有的规模提供着服务。他们除了提供基本业务，还向法国国王、名门望族和教皇提供金融支持。路易七世通过巴黎圣殿偿还在第二次十字军东征期间欠下的巨额债务，这种债务关系一直持续到14世纪末。腓力二世在十字军东征前也向圣殿借款，并要求其为卡佩王室每年制定三次预算。在他的统治期间（1180—1223），圣殿骑士团帮助他重整私人金库，这使他的年收入增加了120%。

圣殿骑士团的财务官员也会向其他家族提供帮助，比如在1266年成为西西里国王的安茹的查尔斯。1277年，他买下耶路撒冷王位，随后他每年从骑士银行以分期付款的方式，向安条克的玛丽亚支付4000里弗尔。与此同时，皇太后布兰奇也让圣殿骑士管理她的私人财产，并出资约24500里弗尔修建莫布森修道院，这是她最终安息的地方。

圣殿骑士银行对教皇的意义也十分重大。圣殿骑士的服务和贷款帮助教皇亚历山大三世在严峻的教会分裂时期维持生计。1198年，教皇英诺森三世对神职人员征收比例税以支持十字军东征，并让圣殿骑士募集资金，之后运到东部。当他的继任者霍诺里乌斯三世开始第五次十字军东征时，他派遣圣殿骑士将税收和赎金从宣誓东征的欧洲教皇使节手中交给埃及。

1281年，部分法国西多会修士违背圣战誓言，骑士团通过征收什一税获得了巨额财富，除此之外又征收了10万里弗尔，用于资助国王腓力三世提出的十字军东征。教皇马丁四世最终借了15.5万里弗尔用于镇压罗马尼亚叛乱。

在西蒙·德蒙福特统治时期，爱德华王子与男爵发生冲突，于是他冲进伦敦神殿的金库打开保险箱，偷走了属于男爵和商人的1万英镑。他的儿子爱德华二世也在1307年闯入神殿，倒卖价值5万英镑的金银珠宝。

相似的事件还发生在1285年，阿拉贡的彼得三世入侵由他兄弟马洛卡国王统治的鲁西龙。

中世纪税收政策
从"彼得便士"到封建帝国的花样税收

在中世纪欧洲，地主需要缴纳什一税，即将自己收入的十分之一交给教堂。这些税钱将支付给当地教区，用于补贴神职人员、教堂维护、施舍贫困百姓和与管理教区有关的其他费用。教皇英诺森三世还指定了第十条教规——按比例征收所得税。这条教规要求所有神职人员为十字军东征提供资金支持。除此之外，还有"彼得便士"，这是一种迫使所有土地业权人每年向罗马教皇财政部寄一便士的税收政策。

除了向教会交税，每个国家自身都有一份冗长的会费清单。在灾难性的哈丁之战和随后发生的穆斯林攻夺耶路撒冷之后，亨利二世推出了萨拉丁什一税，即向群众收取租金和动产的10%，只有打算参加十字军东征的神职人员和骑士可以免税。每个国家还征收各种世俗税，例如贸易交易的通行费；贡赋、财产税或土地税；土地使用费，即一种支付给君主以代替兵役的封建税费；进出口货物的关税。圣殿骑士可以免除庞杂的什一、

▲ 萨拉丁在攻占耶路撒冷之前，在哈丁获得了胜利。在那里他得到了真正的十字架，这加速了萨拉丁什一税的推广

税收和其他费用，这给了他们极大的优越感：他们爱上了向人民收税，而不是自己交税。

他怀疑他的兄弟暗中勾结法国人并企图入侵他的领地。在佩皮尼昂，他袭击了当地的圣殿骑士团，在搜刮过程中，他不仅发现了自己兄弟的财宝，还发现了一份公文。公文中腓力三世向马洛卡国王许诺，只要他协助推翻彼得，就由他担任瓦伦西亚的国王。

尽管圣殿骑士们能够从这些零散的鲁莽抢劫中恢复过来，但很快发生了一件大事，使得他们永远不能翻身：法国国王腓力四世不仅因为他父亲失败的十字军东征背负着巨额债务，还被英格兰和佛兰德斯的战争和货币贬值压得喘不过气来。除此之外，他还向教团借了50万里弗尔，作为他姐姐的嫁妆。重压之下，腓力四世开始剿灭圣殿骑士团，他强迫教皇下令没收骑士团的财产，每个人都在肆意掠夺。许多人怀疑腓力的真正动机仅仅是垂涎圣殿骑士的现金和资产，这是一场有预谋的金融掠夺。

▲ 圣殿骑士团的贷款和财政部门帮助教皇亚历山大三世克服了由于教会分裂而带来的窘境，并因此战胜了神圣的罗马皇帝弗雷德里克·巴巴罗萨

▼ 路易九世被囚禁在埃及曼苏拉的一所房子里，圣殿骑士不得不打破协议，为他提供赎金

萨拉丁的耶路撒冷之战

在经历了20年在中东地区的战争后，
这位出生在库尔德的阿尤布苏丹领导一支强大的军队，
在1187年战胜了法兰克人。

作者：威廉·E. 韦尔什（William E. Welsh）

在哈丁角南面的小丘上，十字军国家的国王带着幸存的骑士进行最后的冲锋。遮天蔽日的箭如雨点般从穆斯林弓箭手的手中发出，伤者和垂死者的哀号划破了天空，十字军步兵拼命地抵挡穆斯林。

十字军战士从高地上猛冲下来。他们的目标是萨拉丁的黄色旗帜，这面旗帜由数百名全副武装的士兵保护。拉丁骑士冲进拥挤的穆斯林队伍，这支队伍在阿尤布苏丹周围形成了一道保护屏障。长矛在撞击中粉碎，骑士们用剑和斧头继续战斗。他们朝着苏丹的阵地奋力前进，挥舞着手臂砍下一刀又一刀。如果他们能砍倒萨拉丁的旗帜，他们就有可能赢得胜利。那是1187年7月4日，哈丁战役正处于最后阶段。

萨拉丁·阿尤布·本被法兰克人称为萨拉丁，巴勒斯坦北部发生巨变时他已经49岁。他于1164年掌权，当时叙利亚的赞吉土耳其统治者努尔丁派遣这位年轻的军官与其叔叔库尔德军阀施尔科前往法蒂玛埃及进行军事考察。施尔科的目标是阻止开罗软弱的什叶派哈里发落入法兰克人手中。在接下来的五年里，施尔科和萨拉丁分别对埃及进行了三次征战。在1169年1月的最后一次征战中，施尔科成为法蒂玛哈里发阿迪德的维齐尔，即首席大臣。

机会似乎总是出现在萨拉丁面前。施尔科在成为维齐尔两个月后去世，萨拉丁接替他的叔叔担任要职。这为他奠定了一个权力基础，他迅速行动，把其余的家人带到埃及，并给他们分发封地。

萨拉丁继续向成为伊斯兰领导人的目标前进。1171年夏末，阿迪德去世，萨拉丁在努尔丁的允许下成为埃及哈里发。努尔丁去世后，他11岁的儿子接替了他。在这段期间，萨拉丁成功地将权力扩张到了叙利亚。

但是，消灭叙利亚的竞争对手赞吉王朝对萨拉丁来说是一件旷日持久的事情。在接下来的20年里，他在刀尖上跳舞，平衡了对十字军国家和敌对赞吉王朝的进攻。1174年，萨拉丁在没有

第二次十字军东征，1147—1149

1144年，最初的十字军国家埃德萨被穆斯林攻陷，这促使基督徒准备新一轮的十字军东征。法国国王路易七世和罗马人民的国王康拉德三世各自率领一支庞大的陆路军队，但土耳其人在安纳托利亚消灭了康拉德的军队。十字军在1148年7月包围大马士革，而非袭击真正的威胁阿勒颇。但他们的行动失败了，并在四天后撤走。

基督徒 ■
穆斯林 ■
东正教基督徒 ■
亚美尼亚基督徒 ■

路易七世 →
康拉德三世 →
其他十字军 →

流血冲突的情况下保护了大马士革。他在1183年攻占了阿勒颇，此时，他已经完成了对叙利亚大部分地区及东部贾齐拉大部分地区的控制。他在这一过程中建立了一个以他的家族姓氏命名的帝国——阿尤布王朝。

敌对的塞尔柱王朝和阿尤布王朝的统治者一直处于竞争状态，他们都向巴格达的阿巴斯哈里发汇报相关局势。在与敌人赞吉王朝的长期斗争中，萨拉丁不得不向阿巴斯哈里发证明，为什么他认为有必要对穆斯林同胞刀剑相向，而不是转而对付基督教异教徒。萨拉丁对哈里发说，除非他积聚了足够强大的力量，否则他没办法打败法兰克人。

1183年秋，萨拉丁入侵三个十字军国家中最大的耶路撒冷王国。耶路撒冷王国的摄政王卢西南的盖伊决心打一场防御战，萨拉丁没有找到有利的进攻条件，就撤退了。1186年至1187年冬天发生的一次事件，使萨拉丁有充分理由重新入侵拉丁耶路撒冷——萨拉丁的死敌沙提伦的雷纳德勋爵抢劫了一支从开罗前往大马士革的穆斯林商队。

1186年萨拉丁与雷纳德达成了为期两年的停火协议，在协议中，这位法兰克男爵允许商队从埃及无障碍地通过叙利亚。但雷纳德吞掉了商队的货物，并囚禁了这些旅

▲ 萨拉丁是阿尤布王朝的创始人

阿尤布战士

阿尤布人受突厥、波斯和埃及的影响，在许多方面，他们的战士是他们的十字军敌人的镜像。

白披肩
这条白披肩的实际用途是防晒和防风沙。

卡扎汉
卡扎汉看起来像一件普通的外套，但它实际上是一件轻薄的铠甲，铠甲夹在织物层之间。

黄色头巾
黄色是阿尤布王朝的皇家颜色，萨拉丁便穿黄色丝绸和金色刺绣。

锁子甲衬帽
苏丹通常戴着一顶锁子甲衬帽。1175年5月，当一个刺客试图刺伤他的脖子时，这个衬帽救了他的命。

头盔
镀银头巾式头盔是专业的阿尤布骑兵必不可少的装备。

弓
虽然骑士的主要武器是近身格斗用的长矛和剑，但也装备了一把复合弓，由木架上层层的角和筋制成。

胸甲
阿尤布人喜欢灵活的盔甲。重骑兵穿的是铁板状的胸甲，而不是盔甲，以防被箭和利刃武器击中。

剑
苏丹的直剑有一个金刀把和护罩，剑刃上镶银。这把剑可能由大马士革人锻造，大马士革因此闻名。

马的铠甲
这匹马的铠甲是用双层毛毡制成的，为马提供一些保护，使其免受敌人的箭的攻击。

剑
土耳其风格的军剑被放置在一个精心装饰的鞘中，这个鞘由大马士革钢制成。

客。萨拉丁多次要求雷纳德释放囚犯并归还其财产。"男爵一直拒绝遵从提议，"当代阿拉伯历史学家伊本·阿蒂尔写道，"萨拉丁发誓，如果男爵落到他的手里，他就会杀了男爵。"

1187年春天，萨拉丁开始在叙利亚南部集结一支庞大的军队。他的将领们——在即将到来的战役中，每一位将领都将指挥一支相当于现代军团的队伍——他的侄子穆扎法尔·塔齐·丁将领导右翼，库尔德出生的穆扎法尔·阿德丁·戈克里将领导左翼。萨拉丁负责统筹指挥。

萨拉丁大约有30000名士兵，其中一半是经验丰富的骑兵。即将开战的地方位于起伏的山丘上，广阔的高原上覆盖着草。萨拉丁打算阻止十字军到达加利利海，因为在那里十字军可以拥有丰富的水源。如果可能的话，他还打算把十字军军队与沙漠之泉隔离开。

萨拉丁在6月的最后一周带领他的军队渡过约旦河。阿尤布人在提比利亚西南10千米处的卡夫萨布特扎营。十字军在距离提比利亚24千米的赛弗里集结。耶路撒冷的盖伊统率20000人，其中15000人是步兵，3800人是辅助骑兵，1200人是骑兵。他们的马没有盔甲，因此很容易被箭射中。的黎波里的雷蒙德三世指挥先头部队，盖伊领导主要的卫队，伊贝林的贝里昂领导后卫队，队伍中包括医院骑士团和圣殿骑士团的精英。

为了引诱十字军投入战斗，萨拉丁于6月2日亲自率领一支分遣队围攻提比利亚。盖伊在没有侦查敌军的规模和位置的情况下上钩了。

十字军在黎明离开营地，出发前往图兰泉，

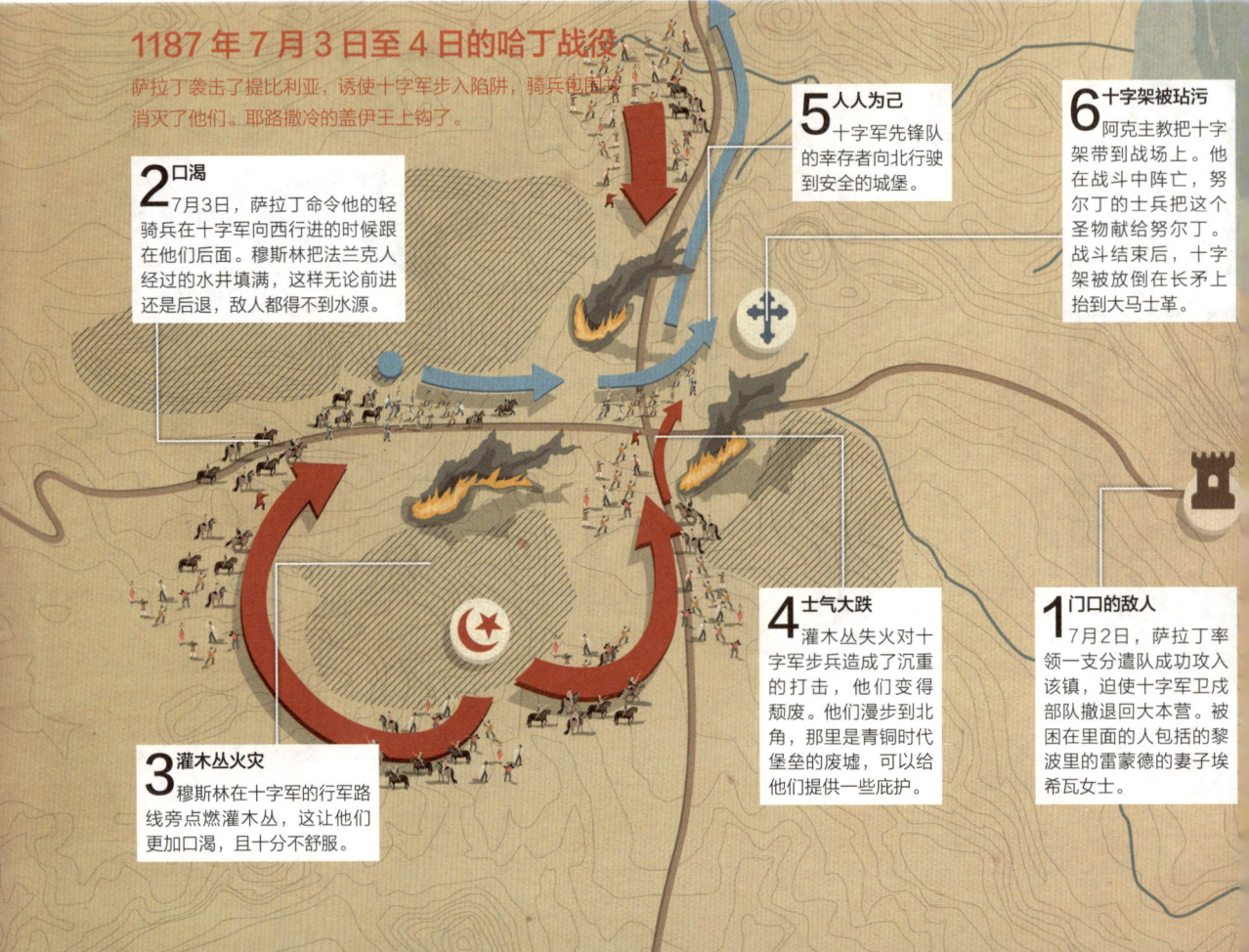

1187年7月3日至4日的哈丁战役

萨拉丁袭击了提比利亚，诱使十字军步入陷阱，骑兵包围并消灭了他们。耶路撒冷的盖伊王上钩了。

2 口渴
7月3日，萨拉丁命令他的轻骑兵在十字军向西行进的时候跟在他们后面。穆斯林把法兰克人经过的水井填满，这样无论前进还是后退，敌人都得不到水源。

3 灌木丛火灾
穆斯林在十字军的行军路线旁点燃灌木丛，这让他们更加口渴，且十分不舒服。

4 士气大跌
灌木丛失火对十字军步兵造成了沉重的打击，他们变得颓废。他们漫步到北角，那里是青铜时代堡垒的废墟，可以给他们提供一些庇护。

5 人人为己
十字军先锋队的幸存者向北行驶到安全的城堡。

6 十字架被玷污
阿克主教把十字架带到战场上。他在战斗中阵亡，努尔丁的士兵把这个圣物献给努尔丁。战斗结束后，十字架被放倒在长矛上抬到大马士革。

1 门口的敌人
7月2日，萨拉丁率领一支分遣队成功攻入该镇，迫使十字军卫戍部队撤退回大本营。被困在里面的人包括的黎波里的雷蒙德的妻子埃希瓦女士。

五大战役

萨拉丁在哈丁大获全胜之前，曾有过一个和十字军战斗的复杂记录。他的策略在围攻、突袭和激战中各不相同。

● **1177年11月25日**
蒙吉萨战役
1177年秋对耶路撒冷王国的第一次大规模突袭中，萨拉丁低估了鲍德温四世的抵抗能力。法兰克人伏击了阿尤布人，萨拉丁惨败且本人几乎被俘。据说他骑着骆驼为埃及的安全而战。

● **1179年8月30日**
雅各布福特之战
1179年夏末，萨拉丁在约旦河上游雅各布的福特，攻击了未完工的十字军要塞查斯特莱特。尽管圣殿骑士驻军进行了顽强的防守，但在一次快速的围攻中，专业的工兵摧毁了一段城墙。

● **1183年9月29日至10月8日**
在艾因贾卢特的对峙
为了挑起一场与法兰克人的决斗，萨拉丁穿过约旦河进入加利利。盖伊，这位患有绝症的鲍德温四世国王的摄政王，率领一支军队拦截了他。萨拉丁试图诱使法兰克人犯下战术错误，但盖伊积极防守，最后萨拉丁撤退了。

● **1187年5月1日**
克雷森战役
萨拉丁的儿子阿夫达尔·伊本·萨拉丁率领一支庞大的部队进入加利利，进一步确认十字军的实力。一队圣殿骑士和医院骑士骑马拦截他。圣殿骑士团的总团长杰勒德·德·罗德福特鲁莽地命令攻击阿夫达尔的大部队，但失败了。虽然罗德福特逃走了，但医院骑士团总团长罗杰·德·穆林被杀了。

● **1187年10月至12月**
克拉克围城
萨拉丁未能在加利利发动一场决定性的战役，他率领军队向南包围了克拉克城堡，那里仍然有一队基督教驻军。尽管萨拉丁的军队有石弩和塔楼，但他们无法成功跨过城堡干涸的护城河。

▲▲ 杀死雷纳德后，萨拉丁对盖伊说："国王杀死国王并不是常态，但是那个人越界了，所以我才这样对待他。"

▲ 法老岛位于埃及西奈半岛的岸边，在开罗和大马士革之间的通道上，1170年从十字军之手落入穆斯林之手

那里水资源有限。行军途中，三个军团的步兵在骑兵和中士周围形成了一个保护方阵。十字军在中午到达图兰泉，一些部队和马补充了水源。他们只走了10千米。盖伊决定继续赶往位于东北部大约8千米处的哈丁村，那里有着充足的水源。

穆斯林很快大批出现在十字军军队的两翼。萨拉丁的策略是利用弓箭手猛烈攻击并包围敌人，削弱敌人的战斗力；如果十字军冲向弓箭手，弓箭手会四散开来以避免正面战斗。

在第一天，装备复合弓的骑兵给十字军先锋队带来了持续不断的压力。到了中午，十字军的前进速度慢得像爬行一样。盖伊派了个信使向雷蒙德求取建议，雷蒙德建议他们今晚露营。

十字军在一个叫马斯卡纳的路口驻扎，但是那里并没有水源。盖伊可能希望穆斯林会发动攻击，在这种情况下，法兰克人在防守上会占优势。但萨拉丁并没有这样做。此时大多数十字军战士严重脱水，晚上只能睡在他们自己的武器上。

阿蒂尔写道："穆斯林方面已经失去了最初对敌人的恐惧，他们情绪高涨，互相鼓励。""他们能闻到胜利的气息。"

十字军在第二天黎明重新前进。穆斯林弓箭手向十字军队伍射出源源不断的箭。此外，穆斯林散兵还多次袭击雷蒙德的先锋队。

缺乏骑士团精神的拉丁步兵变得有些沮丧了。步兵的队形开始散乱，这使骑士们得不到保护。步兵向形成哈丁角的两座山的北边走去。盖伊求他们留下来，但他们并不理睬。十字军的唯一希望就是到达哈丁村之后再做打算。但这个村庄在穆斯林手中，萨拉丁的军队并不想让基督徒到达这里。

局势逐渐恶化，到了上午，雷蒙德集结骑士，对塔齐·丁的部队发起了一场急速的进攻。冲锋是成功的，雷蒙德、贝里昂和大约12名骑士逃脱。盖伊只剩下了他从家里带出的两个军团的骑士。

在最后一次集结军队的努力中，盖伊命令他的扈从们在南角较低的斜坡上支起他的红色帐篷。那时，穆斯林步兵正在哈丁角上攻击十字军。下午三点，盖伊认为他此时唯一的希望在于冲向萨拉丁的方位。他领导了两场轻率的进攻，但萨拉丁的马穆鲁克护卫每次都将他们赶走，给他们造成了重大损失。

盖伊、他的骑士们和一些步兵在南角占据了一块防御阵地，萨拉丁下令攻击那里，手持长矛的重装骑兵越过十字军阵地，在此过程中，他们俘获了鼓舞士气的圣物"真十字架"。盖伊的军队内再无士气可言，盖伊命令手下扔掉武器，平躺在岩石地上，任由萨拉丁摆布。

法兰克人被围捕起来，在萨拉丁面前游街。大约200名圣殿骑士被立刻处决。萨拉丁同意索要赎取盖伊和其他贵族的赎金，普通的十字军士兵被带走变卖为奴。

据说萨拉丁把盖伊和雷纳德叫进了帐篷。他给了盖伊一个盛满冰水的高脚杯，但当盖伊想把它递给雷纳德时，萨拉丁拦住了他。萨拉丁随后用剑杀死了雷纳德。

阿尤布苏丹认识到，逃跑的贵族们会寻求增援，于是他派遣军队在增援部队到达之前，尽可能多地占领耶路撒冷王国的主要城镇和据点。萨拉丁在7月8日占领阿克后，把注意力转向提尔。幸运的是，对基督徒来说，一位新的领袖在那个月早些时候已经到达了。蒙费拉特的侯爵康拉德试图通过参加圣战来逃避国内的麻烦，他组织了一场强有力的防守。萨拉丁迫不及待地要攻占耶路撒冷，于是便转向了南方。

两个多月后的9月20日，萨拉丁的军队抵达耶路撒冷城墙前。伊贝林的贝里昂指挥着大约5000人。由于难民的涌入，这里的人口已增至

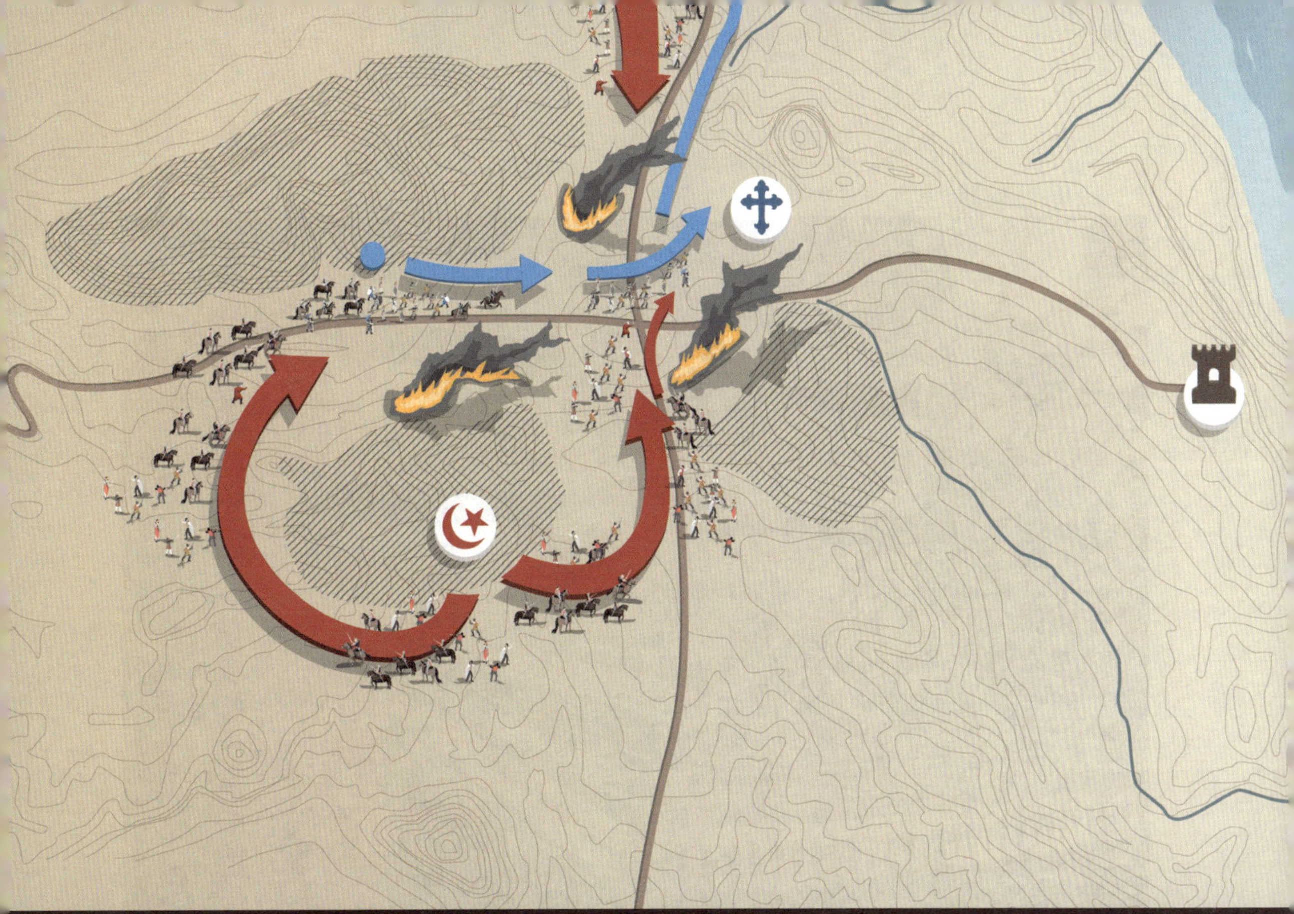

1187年9月20日至10月2日对耶路撒冷的围困

萨拉丁终于在战场上击败十字军,抓住机会夺回圣城。

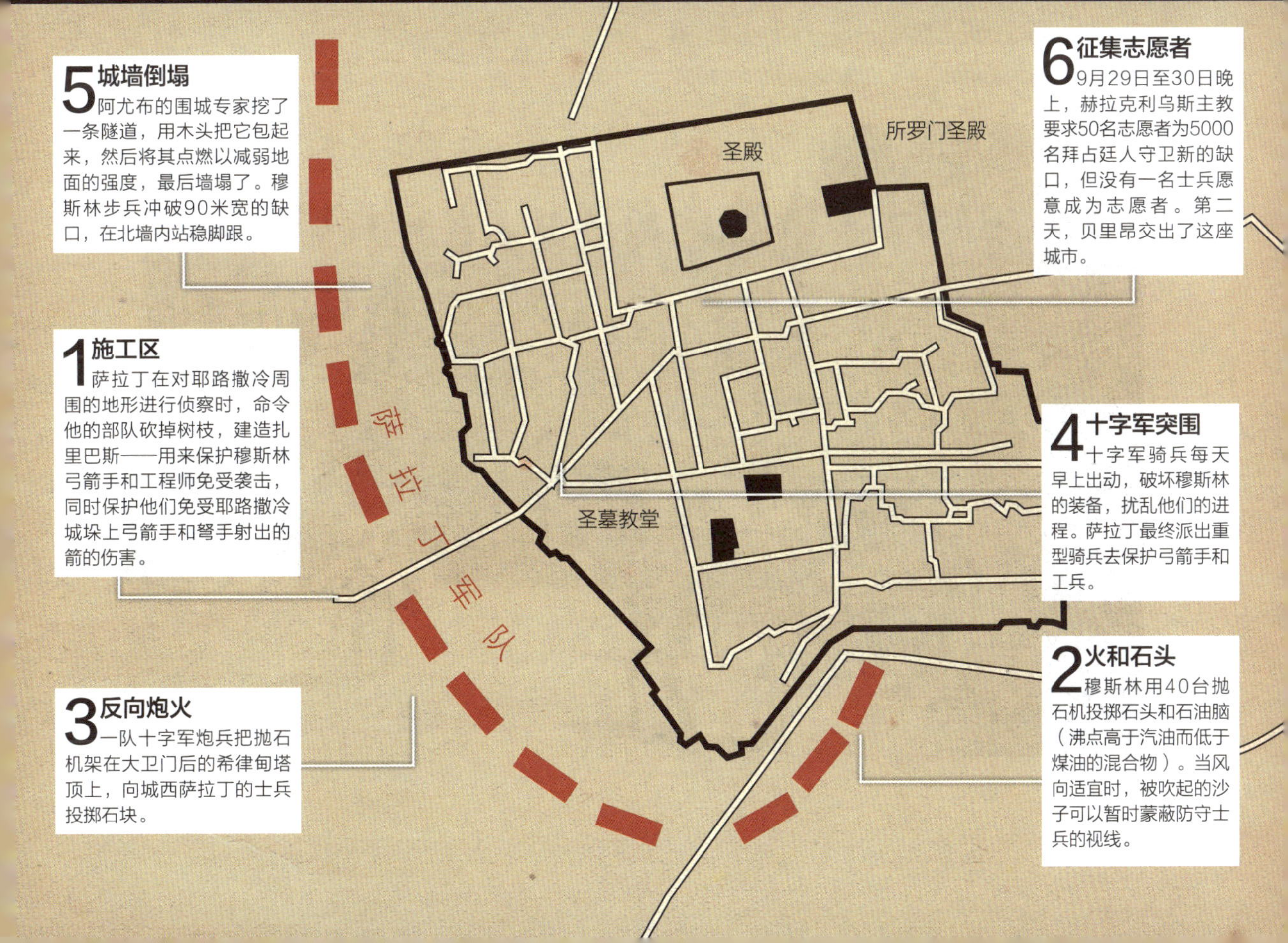

5 城墙倒塌
阿尤布的围城专家挖了一条隧道,用木头把它包起来,然后将其点燃以减弱地面的强度,最后墙塌了。穆斯林步兵冲破90米宽的缺口,在北墙内站稳脚跟。

6 征集志愿者
9月29日至30日晚上,赫拉克利乌斯主教要求50名志愿者为5000名拜占廷人守卫新的缺口,但没有一名士兵愿意成为志愿者。第二天,贝里昂交出了这座城市。

1 施工区
萨拉丁在对耶路撒冷周围的地形进行侦察时,命令他的部队砍掉树枝,建造扎里巴斯——用来保护穆斯林弓箭手和工程师免受袭击,同时保护他们免受耶路撒冷城垛上弓箭手和弩手射出的箭的伤害。

4 十字军突围
十字军骑兵每天早上出动,破坏穆斯林的装备,扰乱他们的进程。萨拉丁最终派出重型骑兵去保护弓箭手和工兵。

3 反向炮火
一队十字军炮兵把抛石机架在大卫门后的希律甸塔顶上,向城西萨拉丁的士兵投掷石块。

2 火和石头
穆斯林用40台抛石机投掷石头和石油脑(沸点高于汽油而低于煤油的混合物)。当风向适宜时,被吹起的沙子可以暂时蒙蔽防守士兵的视线。

圣殿
所罗门圣殿
萨拉丁军队
圣墓教堂

▲ 萨拉丁的陵墓里有两个石棺，据说其中一个里面有苏丹的遗骸

▼ 耶路撒冷的大马士革门在十字军占领期间被称为圣斯蒂芬门

60000人。与在提尔时受挫不同,苏丹并不打算放弃围攻。萨拉丁的战地秘书伊玛德·阿德丁写道,阿尤布领导人"宣誓不离开,直到他信守诺言并在耶路撒冷的最高处升华自己"。

萨拉丁的军队分别部署在圣斯蒂芬和大卫大门对面的北面和西面。在五天时间里,阿尤布人袭击了城门并试图攀登城墙。在这段时间之后,穆斯林攻打西墙的计划没有任何进展。出于这个原因,萨拉丁命令他们在城市东北角的弧形地带重新部署。他还下令从阿勒颇派专业的工兵去挖掘城墙。几个小组在接下来的四天里不知疲倦地工作以摧毁城墙。9月29日,他们拆毁了希律门附近北侧的一段外墙。

最后,萨拉丁放过了这座城市。他没有屠杀无辜者,而是决定让他们自己交付赎金。一旦付了赎金,他们将有40天的时间离开。据阿蒂尔说,萨拉丁的这个想法来自他自己的顾问。萨拉丁的顾问告诉他:"让我们认为他们已经是我们的囚犯,让他们按照我们之间达成的条件交付赎金。"

萨拉丁要求每个男人缴纳10第纳尔,女人5第纳尔,儿童1第纳尔。大约三分之二的基督徒可以自己付清赎金,但其余的人太穷,付不起赎金。贝里昂从城市的金库里拿出3万第纳尔给萨拉丁,用此支付7000名穷人的赎金,但剩下的13000人被带走卖为了奴隶。

萨拉丁于10月2日控制了耶路撒冷。整个城市都悬挂着阿尤布的横幅。一周后,萨拉丁参加了耶路撒冷阿克萨清真寺星期五的祈祷。后来,苏丹下令用大理石、金砖和马赛克将清真寺恢复原状。

不久之后,英国国王理查一世和法国国王

▲ 萨拉丁死后,人们仍旧记得他是一位骑士,这在19世纪的描绘中可以窥见

腓力二世下定决心夺回耶路撒冷。从1189年到1192年,他们参加了针对萨拉丁的血腥的第三次十字军东征。

尽管十字军夺回了阿克和其他据点,但他们无法夺回圣城。耶路撒冷仍然掌握在穆斯林手中,因为萨拉丁有能力统一和动员以前分裂的穆斯林团体,团结起来对抗十字军。

反击
十字军试图用箭和矛走入侵的军队,他们袭击者扔下大石头和熔化的铅,但这些都徒劳的。

挖掘墙壁
萨拉丁的成功来自于地下。墙的一部分被挖空,他们在下面点燃了一把火。9月29日,城墙倒塌了。

攻城塔
这些通常是在现场建造的,高度与墙壁相同。弓箭手在进攻时会从塔顶射击。

占领圣城

萨拉丁对耶路撒冷的围困持续了两个星期,但收效甚微。

1187年9月20日,阿尤布苏丹和他的军队到达耶路撒冷城门。萨拉丁更愿意以和平的方式占领这座城市,他向伊贝林的十字军贵族贝里昂提出了丰厚的条件,但城里的人拒绝离开。于是从大马士革城门外进行的围攻开始了。萨拉丁的弓箭手把箭射入城墙,攻城塔被卷到墙上,但每次又被推倒。六天后,军队转移到橄榄山,那里没有十字军可以发动反击的主门。在这里,他们终于要破墙而入了。10月2日,贝里昂投降。

攻城锤
巨大而沉重的圆木被包裹在一个防箭、防火的天篷里,再被安装在轮子上。圆木会从绳索上被甩到城墙上。

狮心王理查

理查出身于王室，在战乱中接受了教育。
他把对西方基督教的宗教狂热带到了东方的穆斯林那里，
借此希望攻占传说中的圣地。

作者：罗伯特·琼斯（Robert Jones）

近一年来，阿克这座城市一直坚不可摧。尽管一波又一波的基督教骑士将他们所有的宗教热情和军事力量倾注到了这座古老的城市，但它成功地阻挡了入侵。

但越来越多的人抵达此处，带来了无情的袭击。当第一支军队被控制在海湾时，城里的居民认为自己是安全的。然而，随后又有一支军队登陆。港口是这座城市的命脉，是进出城的通道，但它在不久后也被占领了。这座城市的防御工事又一次受到考验，城门不断承受着凶猛的袭击。幸运的是，这座城市再次抵挡住了。

随着新一年航行季的到来，一支全新的军队从海上来到这里。5月，数万名士兵紧随其后，他们再次进攻，双方损失惨重。城里缺乏食品和物资，疾病在入侵者营地内蔓延，把双方的战士都推向了极端的境地。

▲ 英王理查一世的封印（1195）

1191年6月8日，当阿克在黎凡特夏季闷热的天气中逐渐丧失活力时，另一支舰队正停靠在这个曾经繁荣的港口。如果阿克的统治者——高贵而伟大的萨拉丁——不能很快派出有实力的增援部队，这座城市将很快沦陷，通往圣地的大门将被基督教徒夺走。

狮心王理查从船上下来，登上尘土飞扬的干涸的海岸。他的旅途漫长而痛苦——面临着暴风雨、沉船，以及威胁要让第三次十字军东征计划破产的暴君萨拉丁。不管怎样，狮心王理查和他的军队在穿越地中海的旅途中幸存下来，到达圣地。经过几个月的追踪和计划，他们已经准备好

> 令整个基督教界蒙羞的是，耶稣的城市落到撒拉逊人手中。

狮心王理查
英国人，1157—1199

简介 从1189年7月6日起担任英格兰国王直至去世。理查一世是英格兰国王亨利二世和阿基坦的埃莉诺的五个儿子中的老三。16岁时，理查拥有了自己的军队。由于击退了一系列想要威胁他父亲王位的叛军，他成为了一名伟大的军事领袖。在他父亲去世、他加冕之后，他发起了第三次十字军东征。

阿苏夫战役

第三次十字军东征中的重要战役，阿苏夫这座城市目睹了理查和萨拉丁的对峙。

01 阿苏夫森林

在夺取阿克之后，理查把阿苏夫作为下一个目标。为了到达那里，他不得不沿着地中海海岸向南移动，然后穿过阿苏夫森林，那里是黎凡特地区为数不多的森林地区之一。萨拉丁很快知晓此事，他在追踪并骚扰了缓慢移动的理查的辎重部队和步兵后，认为森林是理想的攻击地点。

02 狭窄的平原

理查担心自己的队伍遭到袭击，因此在阿苏夫的森林中缓慢前进，前10千米没有发生意外。萨拉丁已经确定了一个突击的地点，即距离阿苏夫大约9千米的森林中一个狭窄、无遮拦的平原。萨拉丁打算沿着理查部队的纵深先发动一波小规模战斗，然后用决定性的一击袭击部队后方。

03 黎明侦察兵

1191年9月7日拂晓，理查的侦察兵从营地出发，报告说看到了萨拉丁的侦察兵。理查明白这意味着萨拉丁全军就在附近，之后便开始部署军队。部队纵队的前后部都部署了士兵，最前面的一个师由圣殿骑士组成，第11任总团长罗伯特·德·塞布尔负责指挥。

04 萨拉丁出击

理查的部队一到达平原，萨拉丁的部队就发动了进攻。在前线，萨拉丁派出了一大群散兵，随后是一大队重骑兵和弓箭手，他们四散开来，从中、左、右发动进攻。

05 十字军守住侧翼

萨拉丁的主要战术是击溃十字军纵队的侧翼，他命令掷标枪者和弓箭手侵入侧翼进行闪电攻击，并在十字军弩手反击前撤退。不过，十字军还是将侧翼守住了。

十字军

兵力：20000人

领导者
狮心王理查

在战场上表现出色的狮心王理查是一个残忍的杀手和一个天才的战术思想家，他以极高的效率领导着一群宗教狂热分子。
优势： 一位惊人的战士和强大的军事领袖。
劣势： 作为国王，在政治和经济上都很鲁莽。

10 阿尤布军队四处溃散

阿尤布军队在右翼被瓦解后很快溃退，散落到阿苏夫以南的山林中。理查意识到追击的骑士可能会遭到伏击，于是收兵，命令战士们在阿苏夫有序列队，并在暂时安全的要塞扎营。萨拉丁被迫退却，他的无敌领袖声誉受损。

09 圣殿骑士不再被束缚

十字军骑士从遵守纪律和战术秩序中解脱，正式向撒拉逊人开战。理查本人也被卷入战斗的中心，萨拉丁军队的右翼无法承受这次袭击，几乎立即瓦解。为了对当天的袭击进行报复，圣殿骑士出发去追捕逃跑的撒拉逊人。

08 凶猛反击

加尼尔·德·纳布卢斯在反击中违抗命令，但随着医院骑士的冲锋，理查知道他们需要支援，便命令他的军队参与战斗。因此，十字军的全部兵力突然从防御转为进攻，凶猛地扑向阿尤布军队。

07 骑士打破队形

下午，理查到达阿苏夫，被围困的医院骑士先锋撤退到要塞中。最终，一场混战爆发。医院骑士团的总团长加尼尔·德·纳布卢斯看到他的部下陷入困境，便打破了队形，向撒拉逊人发起进攻。

06 医院骑士受到攻击

萨拉丁把军队的重心转移到纵队后方，与医院骑士交战。萨拉丁和他的兄弟一起参加了这次袭击，身先士卒，激励他的部下早日攻破敌军。理查不顾损失，把部队召集在一起，向阿苏夫进军。

关键部队
圣殿骑士

圣殿骑士团是第三次十字军东征中最富经验的基督教战斗部队。他们富有、训练有素、热衷于战斗，被神圣的目标所驱使。

优势： 装备精良，有近身战斗的经验。
劣势： 人数较少，易鲁莽。

关键武器 腰刀

腰刀是所有基督教骑士团——包括圣殿骑士团和医院骑士团——最受欢迎的近身战斗武器，能刺能劈。

优势： 强大的全方位武器，可以配合盾牌使用。
劣势： 会被双手剑和矛攻击。

穆斯林
兵力：25000人

领袖
萨拉丁

作为阿尤布军队的领袖和阿尤布王朝的缔造者而拥有崇高的地位，是一位有智慧和经验丰富的军事指挥官。

优势： 一位德高望重的战术思想家和有权势的政治家。
劣势： 个人没有什么战斗力。

关键部队
弓箭手

萨拉丁的轻骑兵骑在世间最快的马上进行快速攻击和远程射击，在全世界范围内都令人畏惧。

优势： 擅长伏击和游击战。
劣势： 很容易被骑士在近身战斗中砍倒。

关键武器
短弓

萨拉丁的马穆鲁克步兵和他的轻骑兵部队擅长弓箭术，他们会抓住一切机会用短弓向十字军发射群箭。

优势： 快速开火和再装填，有良好的攻击和防御能力。
劣势： 射程上被长弓超越，在徒手格斗中几乎没有用处。

▲ 由于自身重要的战略地位，阿克经常爆发战争

狮心大军

第三次十字军东征在到达圣地之前就面临挑战

4 阿苏夫之战
阿苏夫：1191年9月7日
理查和十字军出动攻占雅法。然而，萨拉丁在要塞阿苏夫附近拦截了理查，一直追击他直到城市中去，但理查还是赢得了战斗。

5 雅法
1192年8月8日
十字军占领雅法之后，在耶路撒冷发动了两次失败的进攻，十字军军队被一分为二，双方都无法攻占耶路撒冷。雅法回到萨拉丁手中后，理查又在之后的战斗中夺回了它。

1 教皇令
罗马：1187年10月29日
教皇格里高利八世颁布法令，先是宣布耶路撒冷王国的沦陷是对基督教徒罪行的惩罚，然后发布教皇令呼吁进行第三次十字军东征。法国和英格兰听从了这一号召，强制推行"萨拉丁什一税"来资助这项行动。

2 暴君
塞浦路斯：1189年5月8日
在前往圣地的途中，理查的舰队遭遇风暴，在塞浦路斯搁浅。岛上的统治者扣押船只和货物、奴役本地居住者。理查以武力夺取塞浦路斯，解放了被奴役的岛民。

3 阿克被围困
阿克：1189年8月28日
穆斯林控制的城市和阿克港被长期围困，数千名十字军和撒拉逊士兵丧生。在狮心王于1191年6月8日抵达围城后，这座城市的长期防御出现了裂痕。

狮心王理查从船上下来，登上尘土飞扬的干涸的海岸。他的旅途漫长而痛苦——面临着暴风雨、沉船，以及威胁要让第三次十字军东征计划破产的暴君萨拉丁。

完成他们的使命——通过军事手段占领圣地，并切断通往圣城耶路撒冷的直接道路。征服阿克仅仅是从萨拉丁手中夺取耶路撒冷的第一步。

在围攻阿克之后，理查作为一个训练有素、经验丰富的军事领导人，在与其他主要领导人——卢西南的盖伊、法国国王腓力二世和奥地利公爵利奥波德五世——会晤之后，下令建造巨大的攻城机器来摧毁阿克城墙。

巨大的石块雨点般地落在阿克的墙城上，猛烈地进攻着城池。牲畜和穆斯林士兵的尸体散落在城市的街道上，疾病不断蔓延。最可怕的是，燃烧的球和箭点燃了任何不是石头做的东西，这引起的恐慌迅速蔓延到阿克民众中去。在一个月的进攻和破坏之后，城中剩余的穆斯林驻军投降了，这违反了萨拉丁的命令。

萨拉丁一接到阿克沦陷的消息，就立即动身前往城里。在路上，他得到消息称理查俘虏了2400名投降的穆斯林卫戍部队士兵，并向其索要赎金。萨拉丁同意交付赎金，同时释放所有的基督教囚犯。

在阿克，耶路撒冷王国、法国、英格兰和奥地利公爵领地的旗帜在微风中飘扬。理查知道，他们的下一个目标是南部的雅法城。他开始为赎金和进军雅法做准备，但这很快就被领袖之间的争论打断了，争论的焦点是如何划分城市，如何分配战利品。

萨拉丁迟迟不付赎金，使充满阴谋和分歧的局势变得动荡不安。愤怒不满的理查认为不守信是对他的巨大轻视，于是他下令处决每一个俘虏。萨拉丁到达阿克后，只能眼睁睁地看着一个又一个男人被公开处决，共有数千人丧生。愤怒的萨拉丁以同样的方式报复回去，处决了他关押的1000名基督徒囚犯。

在谁应该成为耶路撒冷国王的问题上，理查支持卢西南的盖伊，而腓力二世和利奥波德五世更喜欢蒙费拉特的康拉德，因此腓力和利奥波德对理查和盖伊感到愤怒和失望，他们最终决定退出第三次十字军东征，于1911年8月下旬启程返回欧洲老家。对理查来说，他不能想象这种背叛信仰的行为，他设法说服腓力留下一万名法国十字军战士，并支付他们维持生活所需的资金。狮心王理查现在是两万多十字军士兵和骑士的仅存的中央指挥官，他怀着光荣的目标，下令继续十字军东征，大部分十字军在8月的最后几天从阿克出发。毫无疑问，现在是理查在领导这场十字军东征。

十字军开始进军雅法，这是一个重要的港口，是进入南地中海的通道。只要掌控雅法，萨拉丁就有一条天然的通道，从他坚不可摧的埃及大本营为该地区注入更多军队。但如果雅法落入十字军手中，萨拉丁将被迫将士兵转移到陆地上，这是一个效果有限且更费时的做法。雅法距离耶路撒冷只有65千米，是十字军理想的沿海基地。理查知道萨拉丁就埋伏在附近的某个地方，便命令他的部队沿着地中海海岸线行进，舰队与他们同时沿海岸航行，切断了可能的海上攻击的途径。

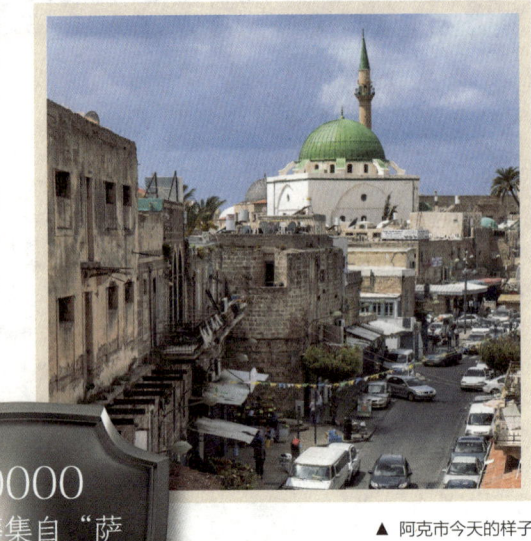
▲ 阿克市今天的样子

70000 英镑筹集自"萨拉丁什一税"以资助第三次十字军东征。

然而，在雅法的北面是阿苏夫森林。这片森林与海岸线平行延伸了20多千米，如果要到达雅法，理查的军队必须穿过森林。萨拉丁在森林里用小规模的游击战骚扰理查的部队，随后发起对十字军的全面攻击，这导致了第三次十字军东征中规模最大的一场激战——阿苏夫战役。萨拉丁知道这场战斗将是决定性的，但他没有预见到这场战斗对他来说是一场灾难。1191年9月7日太阳下山时，撒拉逊军队遭到了决定性的反击。萨拉丁从阿苏夫撤退，重新集结了残存的军队，并开始疗伤。十字军直奔雅法，迅速包围并占领了它。尽管与其他十字军领袖有一些分歧，但理查决定与敌人进行谈判。萨拉丁在阿苏夫战败后接受了一些臣民的质询，并将他的兄弟阿迪尔派往雅法谈判。尽管取得了一些进展——理查的妹妹琼曾被认为是阿迪尔未来的新娘，而耶路撒冷则是新婚礼物——但谈判最终破裂。

谈判的破裂引起了十字军内部的不安，人们开始争论如何以最佳方式实现他们的目标。理查

解析圣殿骑士

最优秀的基督教战士携带的关键装备和武器

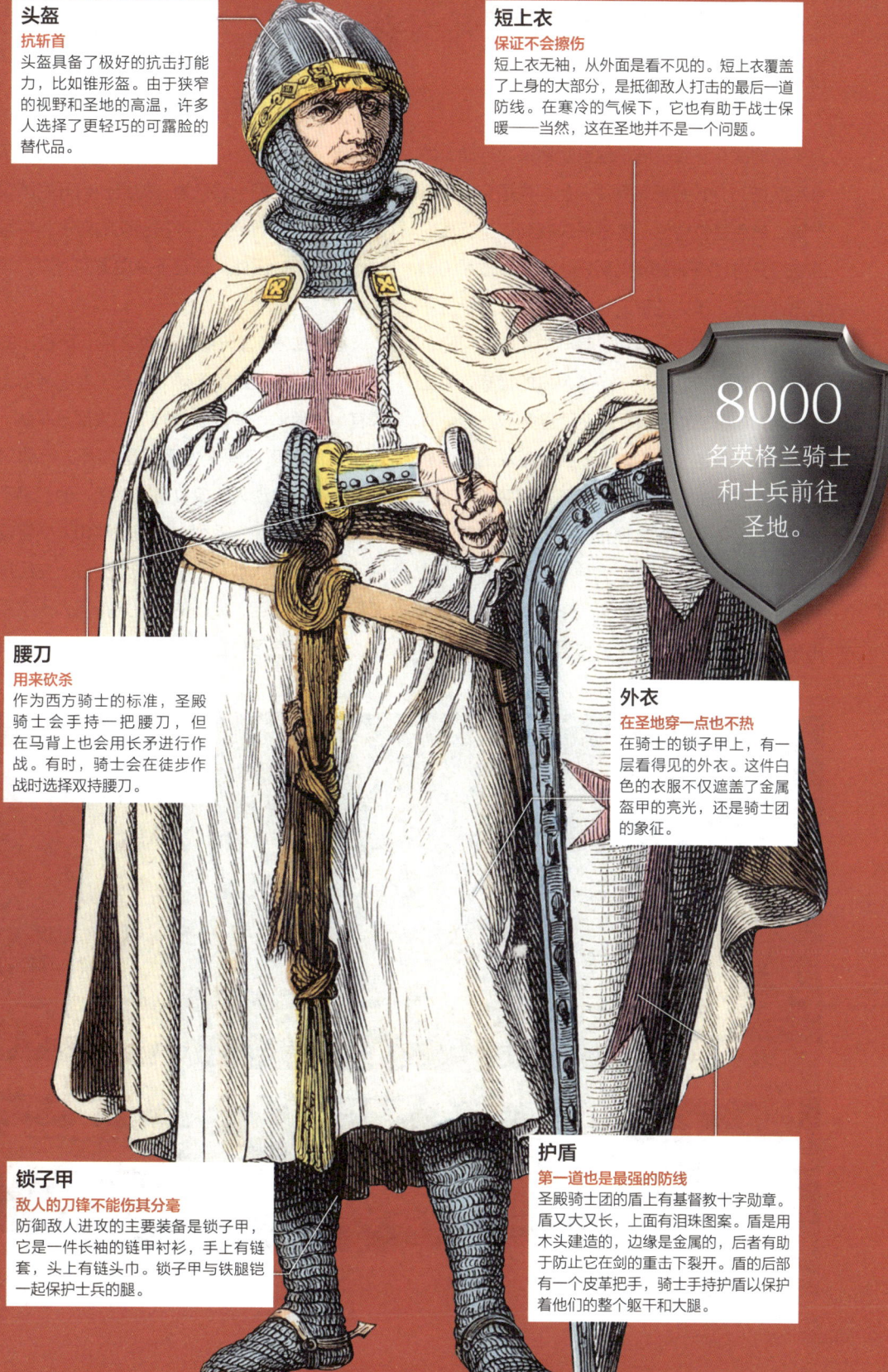

头盔
抗斩首
头盔具备了极好的抗击打能力,比如锥形盔。由于狭窄的视野和圣地的高温,许多人选择了更轻巧的可露脸的替代品。

短上衣
保证不会擦伤
短上衣无袖,从外面是看不见的。短上衣覆盖了上身的大部分,是抵御敌人打击的最后一道防线。在寒冷的气候下,它也有助于战士保暖——当然,这在圣地并不是一个问题。

腰刀
用来砍杀
作为西方骑士的标准,圣殿骑士会手持一把腰刀,但在马背上也会用长矛进行作战。有时,骑士会在徒步作战时选择双持腰刀。

外衣
在圣地穿一点也不热
在骑士的锁子甲上,有一层看得见的外衣。这件白色的衣服不仅遮盖了金属盔甲的亮光,还是骑士团的象征。

锁子甲
敌人的刀锋不能伤其分毫
防御敌人进攻的主要装备是锁子甲,它是一件长袖的链甲衬衫,手上有链套,头上有链头巾。锁子甲与铁腿铠一起保护士兵的腿。

护盾
第一道也是最强的防线
圣殿骑士团的盾上有基督教十字勋章。盾又大又长,上面有泪珠图案。盾是用木头建造的,边缘是金属的,后者有助于防止它在剑的重击下裂开。盾的后部有一个皮革把手,骑士手持护盾以保护着他们的整个躯干和大腿。

8000
名英格兰骑士和士兵前往圣地。

萨拉丁只能眼睁睁地看着一个又一个男人被公开处决，共有数千人丧生。

对不断的战斗感到厌倦，他果断地采取行动，命令军队在11月攻打耶路撒冷。他们先是穿过阿斯卡隆，然后是拉特伦，接着很快就到达了距离耶路撒冷只有20千米的拜特努巴。十字军进军的消息迅速传开，市内的穆斯林驻军崩溃了。萨拉丁的军队已经被摧毁，阿克、阿苏夫和雅法沦陷，耶路撒冷似乎将成为下一个被攻占的目标。第三次十字军东征的胜利似乎是不可避免的。

然而，在这个关键时刻，犹豫不决的情绪蔓延到了十字军的队伍中。由于不知道萨拉丁的军队是否已经消耗殆尽，理查担心他们会采取诸如大规模伏击的报复性攻击，并推测这场袭击很快就要到了。此外，冬季的天气条件明显转差，大雨和冰雹导致行军条件十分糟糕。这些因素导致理查停下来思考，而不是直奔圣城。他咨询了十字军战友，他们一致认为，如果他们开始围攻耶路撒冷，并遭到萨拉丁救援部队的袭击，将导致一场大屠杀。因此，理查下令撤退回海岸，等待时机。

在1192年春天继续进攻之前，萨拉丁的军队在阿斯卡隆度过了冬季。萨拉丁在埃米尔（指挥官）的逼迫下解散了他剩下的大部分军队——埃米尔倾向于巩固实力而不是公开进行敌对行动——没有发动大规模攻击。然而，他们仍不断困扰着十字军，一系列小规模战斗和冲突慢慢侵蚀了十字军的人数和士气。5月22日，在经过五天浴血奋战之后，设防的达鲁姆镇落入十字军手中。十字军在圣地打了一场漂亮的仗，但没有更

▲ 现如今的耶路撒冷城

了解你的敌人：萨拉丁

最受尊敬的穆斯林战士的主要特征和装备

2700
名穆斯林囚犯在阿克被理查处决。

盔甲
高层士兵的装备
虽然地位较低的撒拉逊人很少或根本不穿盔甲，但地位较高的战士和领导人会穿戴盔甲。

剑
直且致命
十字军东征时期，撒拉逊人使用的剑一般都是直的，而不是电影中经常描绘的弯刀。

骑马者
移动中的战争
在第三次十字军东征中，撒拉逊军队有很多骑兵——比十字军的还多。这些骑兵通常是弓箭手，在骚扰敌人时非常有效。

外表
瘦小且并不可怕
大多数对萨拉丁的描述都提到他非常瘦弱。他没有理查那样雄壮的身材，但他以智慧和虔诚而备受尊敬。

萨拉丁·阿尤布·本是埃及和叙利亚的第一位苏丹，也是阿尤布王朝的创始人。他通过一系列的军事胜利被提拔到这个崇高的地位。正是由于萨拉丁本人的原因，第三次十字军东征被煽动起来，哈丁战役和耶路撒冷的沦陷带来的后果导致了著名的"萨拉丁什一税"，这是一项在英格兰和法国一些地区征收的税收，目的是资助一支能够收回圣地的军队。

尽管萨拉丁和理查的军队在第三次十字军东征中多次发生冲突，但两人的关系比预想的要复杂得多，双方都对彼此表示了极大的尊重。在阿苏夫战役（萨拉丁的军队在这场战役中惨败）之后，因为理查在这场战役中失去了自己的马，萨拉丁便给理查送去了两匹优良的马。不过，两人从未见过面，萨拉丁在大马士革逗留期间发烧病倒，在第三次十字军东征一年后去世。

多的军队穿过地中海前来增援，没有人接替那些在战斗中牺牲的人。理查的十字军东征步履蹒跚，最初的坚韧意志像沙漏中的沙子一样溜走了。

率领十字军东征的英格兰国王设法召集其余的军队，在同年6月向内陆进军，最后一次进攻耶路撒冷。这一次十字军没有在拜特努巴受阻，看来，是时候了——理查将把耶稣的城市归还给他，恢复基督教并将其作为圣地的主要宗教和军事力量。

尽管已经来到圣城面前，几个月来对十字军东征路线的不满情绪在军事指挥官中爆发了，关于最佳军事行动路线的辩论演变成了人身攻击和争吵。包括理查在内的大多数领导人认为，夺取耶路撒冷的最好办法不是围攻耶路撒冷，而是直接在埃及袭击萨拉丁，从而迫使萨拉丁主动放弃耶路撒冷，以此作为防止自己倒台的筹码。然而，幸存的法国十字军领袖勃艮第公爵休三世认为，唯一的行动方案是立即直接攻占耶路撒冷。领导人异心的消息传到了十字军战士的耳中，他们开始选择站队，导致十字军一分为二。

异心的十字军现在没有足够的力量进攻一座城市，更不用说耶路撒冷了，因此理查被迫下令撤退。理查在向海岸前进时，对法国人很生气，于是决定返回英格兰。然而，就在他前往雅法的时候，一个侦察兵传来消息说，这座城市已经落入萨拉丁之手。此外，侦察兵报告说，由于穆斯林统治者失去了对军队的控制，数以千计的穆斯林士兵因阿克的大屠杀而发狂，那里所有人的生命正受到威胁。

理查率领一支由2000名幸存的骑士和士兵组成的队伍，向萨拉丁发起了最后一次进攻，通过海上突袭接近了雅法。刚刚攻占这座城市的阿尤布士兵完全没有准备好进攻，十字军骑士和弩手的组合果断地打破了他们的防线，很快就将其

2000名基督教士兵参加了第三次十字军东征最后一次在雅法的战斗。

理查认为攻占耶路撒冷的最好办法不是围攻它，而是直接在埃及袭击萨拉丁。

是圣战之王，还是杀人凶手？

历史学家道格拉斯·博伊德对狮心王做出了自己的判断

尽管理查在第三次十字军东征中发挥了领导作用，但维多利亚时期的历史学家威廉·斯图布斯主教认为这位国王是"一个坏统治者，他对战争的热爱实际上剥夺了他作为一个和平统治者的资格；他对政治常识的一窍不通使他成为一个谨慎的统治者"。斯图布斯称他为"一个有血性的人，他的罪行是令那些长期征战的人熟悉杀戮，他同时还是一个恶毒的人"。

十字军史学家史蒂文·伦西曼爵士平衡了理查性格的两个方面："他是一个坏儿子、一个坏丈夫和一个坏国王，但他是一名勇敢而卓越的士兵。"虽然理查一贯表现出极大的勇气，但今天人们不会用勇敢和卓越来形容在阿克屠杀3000名俘虏并在十年的统治生涯中两次差点使王国破产的人。理查作为一名英勇的基督教战士的不朽传奇，是缘于他母亲阿基坦的埃莉诺在第三次十字军东征事件后被劫持为人质返回英格兰时，他为筹集赎金而进行的出色的公关活动。

道格拉斯·博伊德是《狮心王：英格兰十字军东征国王的真实故事》（Lionheart: The True Story Of England's Crusading King）一书的作者。

▲ 狮心王的军队向耶路撒冷进军

17 个月的时间,狮心王理查逗留在圣地。

打败。这次袭击非常有效,萨拉丁被迫从雅法逃到南方。

这是萨拉丁和理查十字军东征中的最后一战。在雅法第二次沦陷后,该地区进入了一个停滞期,基督教十字军和穆斯林阿尤布军队都失去了战斗的意志。战争已经持续了三年,历史上的大部分地区都变成废墟。数以万计的男人、女人和孩子失去生命,尽管黎凡特的一些地区已经易主,但一切都没有真正改变。耶路撒冷仍然处于穆斯林的控制之下,萨拉丁还是阿尤布王朝的统治者,狮心王理查仍然是一位凶猛的勇士国王——在欧洲享有盛誉,但在圣地却没有稳固的立足之地。然而,改变的是萨拉丁和理查之前对战争和鲜血的执着,于是他们很快达成一项协议:耶路撒冷仍将处于穆斯林的控制之下,但从现在起,基督教朝圣者和商人被允许访问该城,他们的权利受到法律保护。

对理查来说,这项协议是他在圣地的最后一次决议,也是第三次十字军东征的最后一幕,之后国王立即启程返回英格兰。不过,他的归途充满波折,一系列事件导致了他被捕、遭到暂时监禁和更多的战斗。狮心王理查对圣地的渴求,第三次十字军东征充满鲜血、掠夺和宗教狂热的旅程,都已被载入史册。对理查本人的争论,至今也仍在激烈地进行着。

耶路撒冷为何受到如此追捧?

巴勒斯坦地处约旦河和地中海之间,被基督徒和穆斯林称为圣地。两种宗教都声称拥有该地的所有权,因为该地与他们各自的信仰有联系,特别是与耶路撒冷城有联系。伊斯兰教和基督教都是一神论宗教,因此,双方都认为另一方是真正上帝的异教徒,并认为对方的存在就是异端。

第三次十字军东征期间,耶路撒冷、巴勒斯坦大部分地区和黎凡特地区一次又一次易主,冲突破坏了该地区的稳定。来自西方基督教的理查因此认为,耶路撒冷在1187年落入萨拉丁的军队手中,是对其信仰的直接攻击。从萨拉丁的观点来看,他仅仅是夺回了他自己信仰的宗教中心地带:一个曾经被异教徒控制的地方。

著名骑士团总团长一览

圣殿骑士团的总团长只向罗马教廷宣誓忠诚。他们影响了中世纪的历史进程。

作者：迈克·哈斯丘（Mike Haskew）

吉拉米·德·博让

生卒年：1230—1291　　国籍：法国

圣殿骑士团在圣地的最后一任领袖

1273年，吉拉米·德·博让担任圣殿骑士团的总团长，此时的他不仅在圣战中积累了丰富的作战经验，还深知西方基督教派系之间的争斗和生存困境。1261年，吉拉米在战斗中被俘，交付赎金后才恢复自由。随后他一步步成为的黎波里郡的教士、阿普利亚省的主人和西西里王国的圣殿骑士团教堂长。这些职位都将他与法国王室紧密地联系在一起，并最终促使他成为总团长。

吉拉米的舅舅曾在埃及与法国国王路易十一并肩作战，吉拉米还与卡佩王室和西西里国王安茹的查理一世有亲戚关系。吉拉米在当选之后，前往西班牙、法国和英格兰，为圣殿骑士团筹集资金并招募士兵。1274年，他参加了由教皇格里高利十世召集的第二次里昂会议，并敦促十字军建立一支属于自己的舰队。吉拉米声称，热那亚和威尼斯商人帮助他们向圣地运输物资，只是为了从与穆斯林的贸易中获利，拥有自己的舰队就可以避免这类事情发生。

当苏丹卡劳恩在圣地开始发动攻势时，吉拉米警告的黎波里人民，战争迫在眉睫。然而，这座城市最终还是落到穆斯林手中。接下来，吉拉米给阿克人民敲响警钟，但这一次再次被忽视了。在攻城时，吉拉米英勇作战，领导士兵突袭穆斯林营地，给敌人带来了重大伤亡。尽管穆斯林在阿克的守卫士兵人数远多于圣殿骑士团，但吉拉米选择与医院骑士结盟，最终将穆斯林从圣安东尼大门驱逐出去。随后，穆斯林将城墙破坏，导致城墙大面积坍塌。吉拉米在反击中受了重伤。这位英雄最终死在了海边的圣殿要塞中。1291年，阿克落入穆斯林之手。

伯特兰·德·布兰克福特

生卒年：1109—1169　国籍：法国

修正圣殿骑士团团章的人

1156年，伯特兰·德·布兰克福特于耶路撒冷国王鲍德温三世统治期间，当选为圣殿骑士团的第六任总团长。布兰克福特与鲍德温一起参加了反对大马士革苏丹努尔丁的运动。1159年，布兰克福特在约旦河谷遭到穆斯林军队的伏击，随后被捕。拜占廷人与努尔丁结盟对抗土耳其人。在拜占廷人的干预下，三年后，布兰克福特被释放。鲍德温的继任者阿马尔里克一世，拒绝了布兰克福特提出的与埃及结盟的建议，转而对其发动战争。

布兰克福特参加了对埃及的最后一战，但他拒绝让圣殿骑士团卷入其中，因为他认为这违反了停火协议。在担任总团长期间，布兰克福特开始着手修改圣殿骑士团团章，最初的规章主要包含修士生活，修改后增加了有关军队和等级秩序的规定。

伯纳德·德·托米莱

生卒年：？—1153　国籍：法国

雄心勃勃的战士，为圣战献祭一生

伯纳德·德·托米莱是圣殿骑士团的第四位总团长。他出生在第戎镇附近的勃艮第，出生年月不详。1151年6月，他继任总团长的职位，在第二次十字军东征惨败后领导圣殿骑士团。耶路撒冷的国王鲍德温三世将埃及的加沙城授予伯纳德，随后他将此城重建为圣殿骑士团的要塞。

1153年，伯纳德跟随国王袭击阿斯卡隆的要塞，并于当年1月23日围攻了穆斯林的防御堡垒。之后，伯纳德下令建造一个木制的攻城车，然后把它推向在战争中着了火的城墙。

风向在攻城车猛烈燃烧时发生改变，这也导致了部分防御墙起火倒塌。据历史学家提尔的威廉叙述，8月15日，圣殿骑士们鲁莽地冲进突破口，同时，伯纳德阻止其他十字军跟随他们进入要塞。威廉猜测，他这么做的原因是为了避免与鲍德温三世共享劫掠来的财物。

这次行动是不明智的。伯纳德和40名圣殿骑士被斩首，他们的尸体在第二天被埃及人吊在城墙上。他们的头颅被割下来当作贡品献给穆斯林的苏丹。然而鲍德温坚持作战，最终攻破阿斯卡隆。众所周知，威廉经常诋毁圣殿骑士团，且其他的历史记载中也没有提到伯纳德因贪婪而走向毁灭的事情。不管真相如何，他还是在战斗中牺牲。最终，安德烈·德·蒙塔巴德继任为总团长。

埃弗拉德·德·巴雷斯

生卒年：1113—1174 国籍：法国
罗伯特·德·克拉恩去世后最尊贵的领袖之一

1147 年，以勇敢和虔诚著称的埃弗拉德·德·巴雷斯被选为圣殿骑士团总团长。在此之前，他是法国圣殿骑士团的教堂长。当选后不久，在第二次十字军东征期间，他与法国国王路易七世一起前往圣地，随后在巴黎举行了一场大型集会，120 名圣殿骑士、国王和教皇尤金斯三世参加了这次集会。圣殿骑士认为自己有权穿着绣着红十字的白色长袍。

埃弗拉德被派往君士坦丁堡，在那里他会见了拜占廷皇帝曼努埃尔一世。在皮西迪亚与土耳其人的战斗中，他救了路易七世的命。

第二次十字军东征惨淡结束后，埃弗拉德回到法国。因为内疚，他在大多数圣殿骑士对他的抗议下辞去了总团长的职位，并于 1351 年左右加入了克莱尔沃的西多会，作为一名修士度过余生。

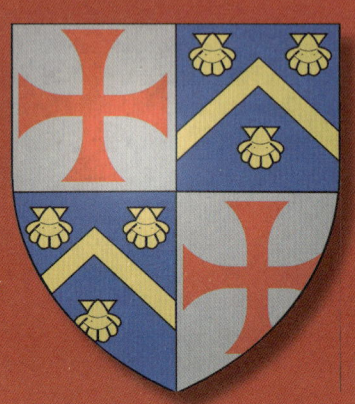

罗伯特·德·克拉恩

生卒年：1109—1149 国籍：法国
教皇的认可给圣殿骑士带来了权力的膨胀

尽管克拉恩被称为"勃艮第人"，但他实际出生在法国的安茹省。克拉恩曾是一位司铎长，1136 年，他被任命为圣殿骑士团的二团长，地位仅次于总团长雨果·德·帕英。克拉恩曾是一位贵族，并在阿基坦与夏班斯和康弗伦的女继承人订婚。然而，他选择解除婚约，前往圣地，于 1125 年加入圣殿骑士团。教皇英诺森二世颁布教皇令《各种美善的恩赐》，授予圣殿骑士广泛的特权，与此同时，克拉恩担任圣殿骑士团总团长。他在圣地参加了几次战役，于 1138 年返回西部。尽管提尔的威廉经常批评圣殿骑士团，但他却给总团长罗伯特·德·克拉恩以相当高的评价。他一直在这个职位上奋斗至 1149 年去世。

蒂巴德·德·高迪恩

生卒年：1229—1292　国籍：法国
从阿克逃走的圣迹和骑士团宝库的救世主

蒂巴德·德·高迪恩是圣殿骑士团23位总团长中的第22位。在1260年之前，人们对他知之甚少，但大约在那个时候，他和未来的另一位总团长吉拉米·德·博让，在一次对加利利北部穆斯林的鲁莽突袭中被抓获。他和吉拉米在向绑架者支付了高额赎金后获释。

高迪恩出生在一座为圣殿骑士团输送了许多成员的岛屿——法兰西岛上。1279年，他回到法国，随后在1283年被任命为土科波部队指挥官和阿克的大教堂长。在任期内，他试图平息比萨和热那亚特遣队在该市的分歧。他进一步阻止了一群比萨水手被卖为奴隶。

1291年，在阿克最后一座圣殿骑士堡垒倒塌的前三天，蒂巴德逃离了这座城市，驶向西顿，保卫了圣殿的宝库和一些受人尊敬的遗迹。几周后，西顿无法抵御穆斯林的进攻。于是蒂巴德决定从城市撤退到海上城堡，并将他的部队疏散到更安全的地点。一些评论家认为这些是懦弱之举。

蒂巴德随后从西顿地区逃到塞浦路斯岛。尽管他最初打算带着增援部队返回西顿，但这一希望最终破灭。1291年8月，蒂巴德到达位于塞浦路斯的塞耶特要塞，并在那里被选为总团长，直到8个月后去世。他的职位由最后一任总团长雅克·德·莫莱接替。

罗伯特·德·塞布尔

生卒年：1150—1193　国籍：法国
在罗伯特·德·塞布尔时期，塞浦路斯成为圣殿骑士团的领地

圣殿骑士团的第11任总团长罗伯特·德·塞布尔在第三次十字军东征期间曾在狮心王理查的麾下作战。他指挥国王的舰队，并成为国王的亲信和忠仆。塞布尔出生在安茹，是一名鳏夫。尽管在他的前任——杰勒德·德·罗德福特——被穆斯林抓获并斩首时，他还不是骑士团的成员，但由于理查的大力举荐，1191年，他被任命为圣殿骑士团总团长。在塞布尔当选时，他成为圣殿骑士还不到一年。

1191年年底，理查把塞浦路斯岛卖给了塞布尔和圣殿骑士。圣殿骑士们期待着建立自己的要塞，同时盼着从塞浦路斯岛的商业潜力中获得可观的利润。然而塞布尔未能在塞浦路斯建立起圣殿骑士团的基地，圣殿骑士也与岛民产生了巨大的摩擦。最终，塞布尔于1193年在圣地去世。

托马斯·贝拉尔

生卒年：？—1273　国籍：法国
为西方国家敲响圣地局势恶化的警钟

1256年，托马斯·贝拉尔被选为圣殿骑士团的第20任总团长。他给英格兰国王亨利三世写了许多信，描述了圣地的绝望处境。在经历了长期的内斗之后，圣殿骑士团与医院骑士团和条顿骑士团决定合作。贝拉尔在信中描述，圣殿骑士和其他成员在穆斯林手中吃尽了苦头。在动荡时期，马穆鲁克人在开罗苏丹的带领下包围了位于撒弗得的圣殿要塞，并在骑士拒绝皈依伊斯兰教时斩首了所有俘虏。安条克城也与圣地里最后一座基督教堡垒蒙特福一同沦陷。

贝拉尔还写信向教皇求助，教皇回复他将组织第八次十字军东征。他警示教皇说，蒙古人正在穿过中东前进，并详细描述了蒙古人的暴行。最终他于1273年去世。

雷纳德·德·维克希尔斯

生卒年：？—1256 国籍：法国
与法国国王的友情和反目标志着一个动荡任期的到来

在第七次十字军东征期间的曼苏拉战场上，圣殿骑士团总团长吉拉米·德·索纳克在与穆斯林军队作战时阵亡。法国国王路易九世的密友雷纳德·德·维克希尔斯在国王的大力支持下成为索纳克的继任者。1240年，维克希尔斯加入圣殿骑士团，同年被提升为阿克的教堂长。1242年到1249年，他担任圣殿骑士团军团长一职。

路易九世在为第七次十字军东征筹备军队期间，十分依赖维克希尔斯来安排军队的补给和运输。在随后的战斗中，维克希尔斯将自己锻炼成一名真正的战士。但据说在从达米埃塔出发的一次行军中，他违反了国王的命令，继续留在军队中。当圣殿骑士前进时，一名穆斯林战士用战斧猛击一名圣殿骑士，伤者在维克希尔斯的马蹄下摔倒。他再也无法忍受："以上帝的名义向他们攻击！"他吼道。领头前进的维克希尔斯把愤怒发泄到穆斯林士兵身上，没有一个敌方战士逃过此劫。

圣殿骑士和国王的军队从埃及撤退到阿克。1250年，维克希尔斯在这里被选为总团长，并成为路易斯和普罗旺斯玛格丽特之子的教父。然而，当圣殿骑士团军团长胡格斯·德·朱伊率领外交使团访问大马士革时，国王和维克希尔斯的友谊破裂了。路易九世很生气，声称圣殿骑士已经严重越权。朱伊被驱逐出耶路撒冷王国，维克希尔斯被迫跪在国王面前为自己的越权之举道歉。从那时起，路易开始着手遏制圣殿骑士团的政治和外交影响力。

1252年，维克希尔斯从圣殿骑士团退休，并于四年后在一座修道院中去世。

杰勒德·德·罗德福特

生卒年：? —1189　国籍：法兰克
在哈丁战役中幸存下来的圣殿骑士

杰勒德·德·罗德福特可能出生在佛兰德斯，在 12 世纪 70 年代成为耶路撒冷王国的军团长。杰勒德于 1180 年加入圣殿骑士团。1183 年，他成为司铎长，次年被选为总团长。1187 年 5 月，他加入了莱斯穆林的罗杰的部队，在克雷森泉与萨拉丁作战。杰拉德是在战败中幸存下来的三位圣殿骑士之一。1187 年年底，萨拉丁发动了对加利利的入侵。以傲慢和自负著称的杰勒德为盖伊国王提供了不明智的计划，这导致了 7 月哈丁战役的惨败。杰勒德后来被成功赎回，是唯一幸存下来的圣殿骑士。随后他与盖伊一起围攻阿克，于 1189 年 10 月被捕斩首。

▲ 杰勒德·德·罗德福特的匹夫之勇导致了他自己和许多圣殿骑士的死亡

那些互为对手的骑士团

圣殿骑士团与其他骑士团（如医院骑士团）有着共同的等级制度和目标，但他们最终成为了对手。换句话说，他们一直在相互争斗。

作者：迈克·哈斯丘

十字军东征前和东征时，许多宗教和军事骑士团在欧洲和圣地建立。其中，圣殿骑士团、医院骑士团和条顿骑士团最为著名。它们建立的目的，有的是为了战胜基督教的敌人，有的是为了帮助穷人、病人和被遗忘的人，还有的是为保护前往圣地的朝圣者。

尽管骑士团之间职能互补且都秉持着最初的信仰，但他们之间依旧时常产生摩擦，质疑对方的宗旨，指责另一方迷失方向。这种迷失有时指向骑士团积累大量财富，没有尽到作为真正基督徒的本分。尽管每个骑士团名义上都隶属教皇，在履行工作时都受到罗马天主教会的监管，但随着土地所有权和政治上的冲突，这些骑士团最终成为了竞争对手。

1119年，法国骑士雨果·德·帕英创建圣殿骑士团。这是一个军事组织，负责为从欧洲前往圣地的朝圣者提供保护。朝圣者的旅途漫长而危险，从东地中海沿岸前往耶路撒冷时，经常遭到土匪和强盗的袭击。1139

◀ 教皇英诺森二世的一则教皇令授予圣殿骑士在世界各地执行任务的广泛权力

▶ 历史上圣殿骑士分别与穆斯林和其他骑士，如医院骑士和条顿骑士，在不同时期作战

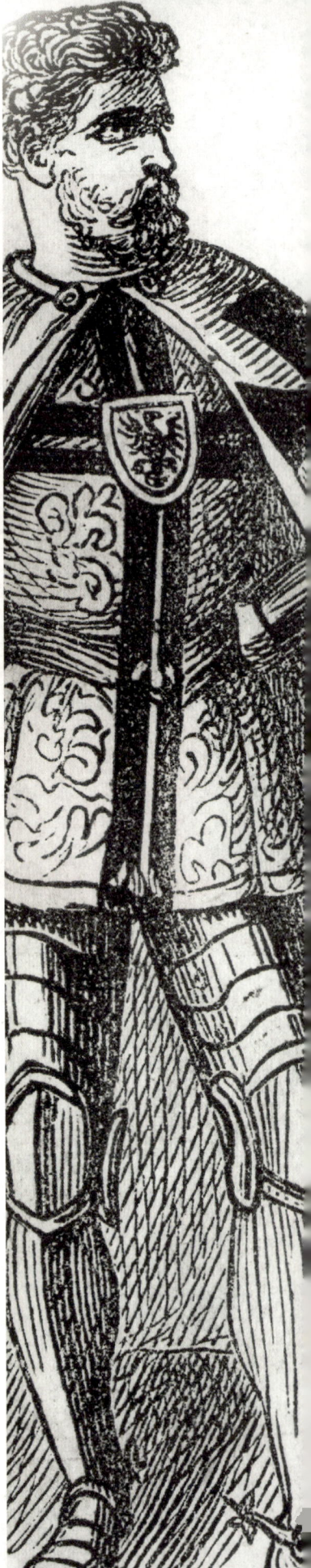

▲ 医院骑士是一群来自阿马尔菲的关心时政的商人，他们为病人和伤者提供帮助

年，教皇英诺森二世颁布教皇令《各种美善的恩赐》，承认圣殿骑士团的存在，它正式被称为"基督和所罗门圣殿的贫困骑士"。在耶路撒冷国王鲍德温二世和耶路撒冷宗主教沃蒙德的赞助下，骑士团在圣殿山设立了一个总部。

圣殿骑士的等级制度促进了骑士团的发展。总团长是教团中的最高权威，军团长是排名第二的行政长官。司铎长负责指挥军事和相关的战役，掌旗官监督护卫（支持骑士的下士）及料理亚麻布和衣服的绸布商。在圣殿骑士团的战斗队伍中，骑士们基本都是贵族，每个骑士都有三四匹马和两名侍从，他们是队伍里的重骑兵。军士是具有打铁等基本技能的商人，他们主要是轻骑兵。神父负责满足骑士的精神需求。

十字军东征期间，圣殿骑士团不仅把自己打造成一个十分重要的精英战斗军队，更将自己打造为一个慈善机构。圣殿骑士相当富有，并建立了一个金融银行体系，且留存至今。巨大财富是他们骄傲的资本，但这也招致了来自基督教教会内部和外部的批评。

圣殿骑士团在巴黎建立总部后，于14世纪初，在法国国王腓力四世和教皇克雷芒五世手中走向灭亡。也许正是因为圣殿骑士团最后被阴谋、诬告和谋杀所淹没，才使圣殿骑士团成为了传奇。

圣殿骑士一直存在于通俗文学和想象中。大约在1070年，医院骑士团在耶路撒冷圣约翰医院诞生，它是三个著名的慈善和军事骑士团中最古老的一个。医院骑士们最初是一批来自意大利阿马尔菲市的关心时政的商人，他们希望为病人和伤者提供帮助。医院骑士团的正式名称为耶路撒冷圣约翰医院骑士团，医院骑士们在耶路撒冷圣玛利亚拉丁教堂和本笃会骑士团的赞助下，分别建设了男女护理设施。

1113年，教皇帕斯卡尔二世发布了名为《至虔意志之请求》（*Pie Postulatio Voluntatis*）的教皇令，正式承认医院骑士团是由其第一任总团长布莱斯德·杰拉德领导的宗教修会。十年内，即使医院骑士人数增多并经营着圣地的大部分医院，雷蒙德·德·普伊总团长还是按照更为军事

圣殿骑士团和条顿骑士团的争斗

条顿骑士从一开始就预料到，自己与医院骑士之间的冲突会持续下去。医院骑士误以为条顿骑士是在耶路撒冷的一家医院里发展起来的，而前者对医院有管辖权，因此医院骑士要求接管条顿骑士团。

这场争论始于1190年，直到1231年才落幕。当医院骑士团要求条顿骑士团代表他们，在意大利的另一场法律纠纷中谈判时，这场争论终于结束了。在这之后，医院骑士团放弃了他们的要求，两个骑士团开始合作。他们不止一次与圣殿骑士团作对，参加彼此的谈判，甚至在需要时保卫另一个骑士团的地产和其他财产。这种争斗的局面导致骑士们在欧洲的战争中，只支持其中一个骑士团的领导人。

尽管在中世纪和十字军东征时期，许多小型军事和宗教骑士团接连成立，但它们很少卷入到当时大骑士团之间的争斗中。

▲ 尽管有着共同的目的和共同的基督徒身份，但是有时，不同骑士团的骑士们之间依旧会发生冲突

化的路线重组骑士团。在雷蒙德的倡议下，医院骑士团成长为一支训练有素的战斗部队，在十字军东征期间参加了许多战斗。

总团长是医院骑士团的领袖，由骑士委员会选举出来，像圣殿骑士团的总团长一样终身任职。事务大臣负责武器、补给和管理。元帅负责维持纪律和领导军事行动。军士长负责在战场上指挥骑士并雇用雇佣兵，海军上将则负责指挥军舰。随从负责所有的马，旗手担任掌旗官，堡主是城堡的管理者。其他的管理职位皆由医院骑士担任，他们负责所有设施，负责团内的财政问题，担任教团的高级宗教职务——修道院院长。

1291年，医院骑士团逃离圣地，前往塞浦路斯，暂时与圣殿骑士团共存。然而很快，他们将管理层转移到罗得岛，接着又转移到马耳他岛。他们成长为一股强大的海军力量，并通过在地中海行商和使用商业特权获得财富。在其历史上的不同时期，医院骑士也被称为罗得岛骑士和马耳他骑士。当圣殿骑士团最终被解散时，医院骑士团接管了他们大部分领土的所有权。

大约在1190年第三次十字军东征期间，条顿骑士团在阿克的一家战地医院成立，该骑士团由德意志人组成。当时来自吕贝克和不来梅两个城市的商人组成了一个兄弟会帮助那些病员和伤

▲ 葡萄牙阿尔穆罗尔的圣殿骑士城堡，是该团拥有的大量房地产和强大资源网的有力证明

员。教皇塞莱斯廷三世和英诺森三世承认圣玛丽德国医院的兄弟会为军事组织，因为几个德国骑士、贵族及耶路撒冷国王阿马尔里克二世给条顿骑士团布置了一项军事任务。这个新骑士团的组织和行政管理模式，几乎与圣殿骑士团和医院骑士团的相同。条顿骑士团的第一位总团长是亨利·德·瓦普特。

十字军东征快结束时，条顿骑士离开圣地，在东欧集合。他们从大量的土地赠款中受益，进行了有利可图的贸易。他们接受捐赠，并将土地出租给农民。条顿骑士团将总部设在威尼斯，在普鲁士、波兰和波罗的海地区发展，后来又在马里恩堡、科尼斯堡和巴德梅根塞姆不断发展。如今，这个骑士团仍旧担任宗教角色。

骑士团的宗教性和骑士的使命和职能，会为自身带来与生俱来的冲突。宗教信仰往往与教团作为地主、商人和世俗管理者的职能相冲突。这些骑士团不可避免地卷入了政治和个人争端。有时，军队内部也因骑士们不同意其他人发起的道德和行政改革而起争执。

早在1197年，圣殿骑士和医院骑士就为争夺位于沿海城市的黎波里的大量地产而大打出手。在耶路撒冷王位继承权的冲突中，这两个骑士团相互对立。1241年，在基督徒离开圣地的半个世纪前，圣殿骑士团袭击了阿克附近的医院骑士和条顿骑士，因为后两者支持与埃及签订条约。热那亚和威尼斯社区在圣地建立后，由于圣殿骑士支持威尼斯，医院骑士支持热那亚，他们之间爆发的财产纠纷引发了1256年至1258年的战争。

随着阿克的沦陷，圣殿骑士和医院骑士在塞浦路斯岛上成为了死敌。每一方都指责对方的过激行为，因为他们偏离了侍奉上帝的真正目的，反而陷入了世俗事务的纠缠，以及伴随着经济利益和繁荣而来的腐败行为之中。

▲ 医院骑士从圣地迁往塞浦路斯、罗得岛和马耳他岛，成为了一股强大的海军力量

▼ 在这扇彩色玻璃窗上，圣殿骑士和医院骑士并肩收获敬仰

圣殿教堂：
伦敦的耶路撒冷

圣殿骑士团在伦敦的总部仍然是伦敦最宁静的避风港之一，圣殿骑士团自己的教堂位于这一块隐秘瑰宝的中心。

作者：罗宾·格里菲斯－琼斯

罗宾·格里菲斯－琼斯

罗宾·格里菲斯－琼斯是圣殿教堂的圣殿大师、伦敦国王学院的讲师，分别是《圣殿教堂》（2010）和《古墓与圣殿：重新构想耶路撒冷的神圣建筑》（2018）的合著者及编者之一。

在伦敦市中心，圣保罗大教堂和特拉法加广场之间，处于舰队街的喧嚣之外的，是一个由庭院、喷泉、花园和古建筑组成的可爱飞地。从舰队街穿过大门的游客会认可"这里没有汽车"的事实，此时他们会有自己不知何时离开了伦敦，进入了中世纪校园的错觉。这就是伦敦圣殿——位于伦敦金融中心、威斯敏斯特宫和白厅之间，800年前是圣殿骑士团的领地，长期盛名在外。

宗教法庭是圣殿的核心，其现在的建筑布局与13世纪时期相同：法庭南面有一个大礼堂，西面有回廊，东面有一个神父之家，北面是圣殿教堂。圣殿教堂的一半是一个典型的哥特式圣坛，是一个优雅的长方形，此外还有三扇高高尖尖的窗户；另一半则出人意料：一个有城垛的圆形大厅，内有狭窄坚固的窗户，入口有一个宏伟的诺曼式门廊，门廊的上下两边都精心雕刻了七个用来装饰的骑士。

圣殿骑士团大约在1119年成立于耶路撒冷。到了12世纪40年代，他们驻扎于伦敦霍尔伯恩的第一座"圣殿"里，并在那里建了一座圆形教堂。到了1162年，他们向南迁移到位于如今舰队街和泰晤士河之间的"新圣殿"。新圣殿有密道和献祭的庭院；在西边的外部，有一个庭院，内有一个二等会堂、酿酒厂、粮仓、马厩等；铁匠铺远离主要建筑，位于舰队街对面，以便控制发生的火灾；菲茨场是比武场，也在舰队街以北的场地上，该场地现在被皇家法院、英格兰和威尔士的第一法院及不同类型的比武道具所占据。

圣殿骑士们发誓要保护前往圣地耶路撒冷的朝圣者。在世界的中心耶路撒冷，最神圣的地方

▲ 从空中俯瞰圣殿教堂时,最突显的是圆形大厅和圣坛这两部分

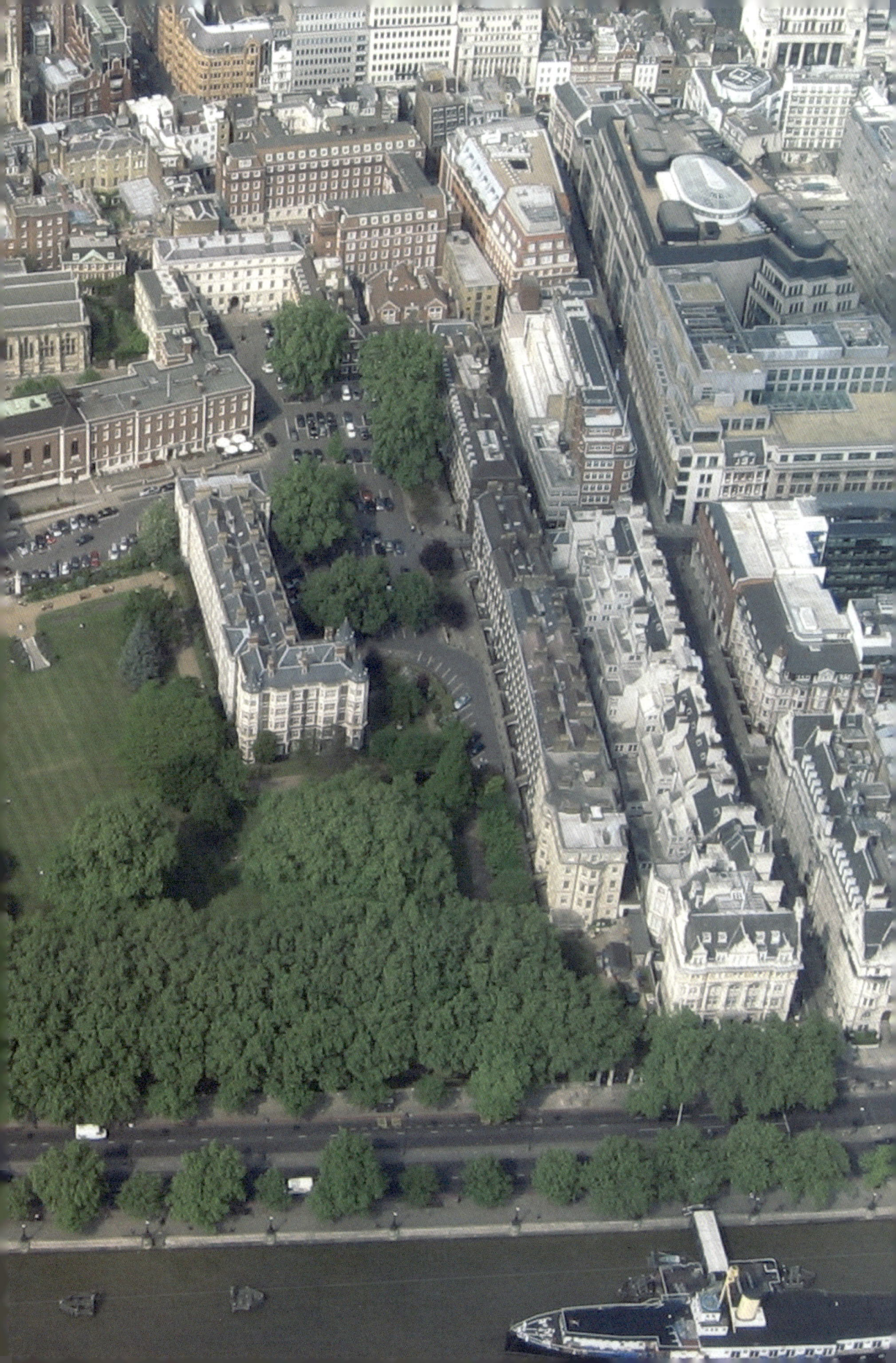

骑士的雕像：缓慢流淌的时间

圣殿教堂的圆形大厅里有九尊石像和一块墓碑。在 1940 年德国对伦敦发起闪电战之前，这里被保存得很好。即便经历了破坏和重修，它们仍然是威严的存在，证明了圣殿骑士的力量。其中一块石像代表杰弗里·德·曼德维尔，他是圣殿骑士团的朋友。他于 1144 年去世并被逐出教会，不能被葬在圣地。圣殿骑士们把他放进棺材里，挂在旧圣殿果园的一棵树上。近 20 年后，圣殿骑士搬到了他们的新宅邸，并将曼德维尔葬在他们的新教堂里。这里也有另外三位元帅的雕像：伟大的威廉，彭布罗克的第一伯爵，及他的两个儿子，威廉和吉尔伯特。所有的人都被埋在分隔圆形教堂和圣坛的拱形屏风前。1840 年，九具中世纪棺材被发掘出来。

一位 17 世纪早期的古物收藏者记录了一个缅怀元帅的纪念碑。他怀疑这是著名的第一伯爵的纪念碑。令人惊讶的是，它在 17 世纪 80 年代就消失了，历史学家怀疑收藏者只是弄错了。

现在，约翰·吉利姆大约在 1610 年创作的一系列画作已在华盛顿福尔格莎士比亚图书馆被发现。它展示了 1610 年这里所有的已知雕像，包括后来丢失的石碑。它提出了问题：这真的是纪念圣殿骑士的密友威廉元帅和他那个时代的英雄的雕像吗？

▲ 元帅威廉一世和威廉二世的雕像

在中世纪的人们看来，他们到达圣殿的圆形大厅就是到达了耶路撒冷。

就是圣墓教堂，那里是耶稣死亡、安葬和复活的地方。君士坦丁皇帝于公元4世纪修建了这座教堂。它最伟大之处是围绕着耶稣的空坟墓建造了一个巨大的圆形大厅。在坟墓和安放耶稣遗体的石壁周围，有一个独立的小教堂，叫"小教堂"或"小房子"。

圣殿骑士在建造圆形教堂时，重新塑造了圣墓的形状，从而使圣墓更加圣洁。在中世纪的人们看来，他们到达圣殿的圆形大厅就是到达了耶路撒冷，到了耶稣在受难时看似被击垮的地方。在这里，他最终战胜了死亡，并邀请他的所有追随者来分享这份喜悦。如果我们想知道圣墓对基督教世界的重要程度，就需要大开脑洞。我们都知道，在几十年或几百年后，一些孕育过大事件的地方依旧影响深远。例如葛底斯堡或丘吉尔的作战室，在这些地方，虽然曾经发生的事情已经过去很久了，但它们的影响犹在。相比之下，圣墓是基督徒在与自己斗争中获得胜利的地方：这里是基督战胜邪恶和死亡的地方，也是他们自己战胜邪恶和死亡的地方。

圣殿骑士团的总部设在耶路撒冷圣殿山上的阿克萨清真寺。这座山是一个巨大的平台，一部分是天然的，一部分是人造的。在这个平台上，犹太人陆续建造自己的圣殿。它最后一次被毁是在公元前70年，然后再也没有得到重建。十字军认为阿克萨清真寺是希伯来圣经中，以色列最伟大和最聪明的国王所罗门王的宫殿。清真寺的穹顶像金子一样闪闪发光，耸立于耶路撒冷的天际线上。之后穹顶变成了一座教堂，圣殿骑士把它献给了圣母玛利亚。

穹顶是692年建造的，为对称的八角形，比圣墓更为壮观。1185年，耶路撒冷大主教赫拉克利乌斯对伦敦进行了长期访问，将圣殿教堂神圣化，并在圣烛节（圣母玛利亚产后40天带着耶稣前往耶路撒冷祈祷的纪念日）上把它献给圣母玛利亚。

尽管赫拉克利乌斯十分腐败，但在耶路撒冷面临危机时，他挺身而出。1184年，耶路撒冷国王鲍德温四世去世。赫拉克利乌斯率领代表团周游欧洲，希望能找到一位新国王，为圣地的拉丁王国带来稳定和力量。最终他到达英格兰并将希望寄托于亨利二世。亨利明智地拒绝了赫拉克利乌斯的提议，但表示自己可以出钱。"即使没有钱，我们也需要一个人，"主教回复道，"如果没有人，那就不要钱。"他试图和金雀花王朝的成员一起威胁国王，但这绝非一个好主意。

亨利还没有履行他在1170年为忏悔杀死托马斯·贝克特而进行十字军东征的誓言。"我不

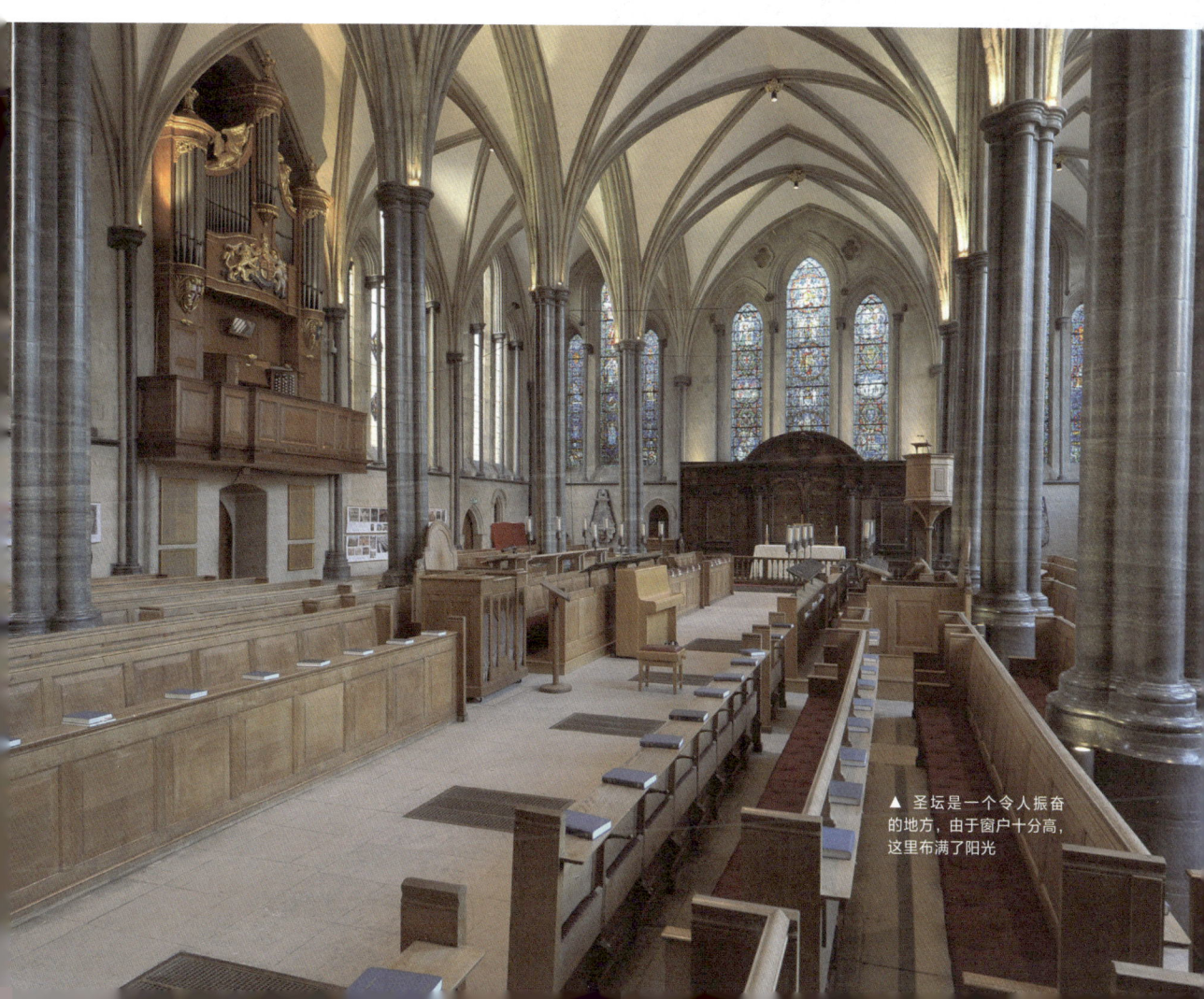

▲ 圣坛是一个令人振奋的地方，由于窗户十分高，这里布满了阳光

▲ 伦敦圣殿教堂的一根柱子，建于 2000 年，用来庆祝千禧年。一匹马上有两个骑士的装饰是中世纪圣殿骑士的象征，也许这可以让人们想起他们最初的贫穷境遇

能把我的王国放在一边，"国王说，"我的儿子们会立刻将它夺走。""难怪，"赫拉克利乌斯回答说，"因为他们从魔鬼那里来，最后也会到魔鬼那里去！"由此言辞可见，赫拉克利乌斯并不是一个合格的外交官。

当时，圣殿教堂的圆形大厅是一个令人回味无穷的、神圣至极的地方。它也是英格兰一个重要的政治、金融和外交中心的核心。没错，这是一个神圣的地方，也是一个充满权力的地方。在13世纪的大部分时间里，英格兰国王、贵族和商人都在这里储存了大量的财宝。然而，他们的贵重物品并不像他们希望的那样安全。1263年，当王室财政处于低谷时，爱德华王子闯入圣殿，打开了一些由骑士保管的箱子，把属于他人的近1万英镑带到温莎城堡。1307年，他的儿子也来了：爱德华二世拿走了价值约5万英镑的珠宝和金钱。

1212年，反抗英格兰国王约翰一世的势力越来越大。到了1214年，当他最终输掉了布汶战役和几乎所有的法国财产时，他几乎破产了。然而，圣殿骑士团仍然对他忠心耿耿，圣殿成为约翰在伦敦西部的总部。在1214年至1215年的几次访问中，最重要的当属1215年1月7日至15日的访问。反叛的贵族们"全副武装，以随时准备开战的姿态"前往圣殿参加会议。根据贵族们的描述，他们要求国王承认他们的特权。但是国王拒绝了，同时要求他们以书面形式代表他们自身和他们的继任者们承诺，他们今后永远不会要求这种特权。贵族们同样拒绝了。国王虽然处在弱势，但人们仍认为他可以坚持下去。然而，这种情形并没有持续太久。5月17日，叛军占领了伦敦，力量的平衡被打破了。1215年6月15日，《大宪章》在温莎城外的伦尼梅德诞生。

在这场危机中，伟大的威廉元帅彭布罗克伯爵极力维护权力的平衡。当约翰一世于1216年去世时，威廉成为他年幼儿子亨利三世的监护人，并于1216年和1217年用自己的印章重新发行了《大宪章》。1217年5月，70多岁的威廉亲自率领军队在林肯战役中取得胜利，随后下令在三维治袭击法国舰队。他最终解除了国家被入侵的危险，镇压了针对年轻的亨利三世的反叛运动。

威廉是英国圣殿大师艾梅里克·德·圣莫尔的密友。在1219年威廉临终时，他被圣殿骑士团接纳，并于几天之内被埋葬在圣殿的圆形大厅中。他的雕像现在还在那里。他的长子彭布罗克第二伯爵威廉元帅娶了国王亨利三世的妹妹。这个威廉二世也葬在圆形大厅中，他的雕像就在他父亲的旁边。与他们并列陈列的是伟大的威廉的第三个儿子吉尔伯特的雕像。

圣殿骑士们推倒了附在圆形建筑东侧的小圣坛，转而建造了早期的英国哥特式圣坛——一座有三条等高的侧廊、薄墙、大窗户、窄柱和宽墩距的大厅式教堂——它至今仍然存在。圣坛内充满阳光。

1307年10月13日星期五，法兰西国王逮捕了王国里所有的圣殿骑士。英国国王爱德华二世没有承认对他们的指控，近两年来他一直在拖延对他们的调查。然而，在1308年，圣殿和教堂本身的动产被清点。这里有六对包括战袍和加冕服的法衣；11席做弥撒时穿的无袖长袍；两架被安装在十字架屏风上的管风琴，每架管风琴都有双排管，可能有三个八度音域；28个唱诗班和四个小唱诗班；一部音乐著作收藏品，包括九本圣歌，每本可以供一个正在前进的歌手使用；五块铺在高坛前的地毯。财产中有一把刺杀了贝克特的剑，教堂的庭院对面有一个礼拜堂，专门为贝克特而建。

现在，每周都会有来自世界各地的游客到达圣殿，参观教堂，享受服务。700年前，圣殿骑士在这里唱完最后一首歌；如今，我们希望，当风琴奏响，合唱团开始歌唱时，我们依旧能在这个地方捕捉到那音乐的微弱回声。

圣墓

触摸宗教圣像

在拜访圣墓时，还可以看看来到这里的朝圣者。据说复活节那天，耶稣就在这里对抹大拉的马利亚说"不要碰我"，或者"不要抱我"。对于现在的朝圣者来说，圣墓是一个可以触摸的地方。圣墓的正门内有一块石头，长2.1米，据说是耶稣的遗体在耶稣受难日下午晚些时候被放置和涂油埋葬的地方（这块石头从1810年开始就在那里了）。朝圣者跪在石头前亲吻它，甚至用自己的衣服擦拭它，以获取一些清洁耶稣身体的膏油。右边是加略山的希腊东正教礼拜堂，这是耶稣被钉死在十字架上的地方。在祭坛下面的地板上有一个洞，朝圣者在祭坛下面俯身，通过这个洞触摸加略山的石头。每一个朝圣者都会在祭坛上触摸和亲吻耶稣曾经躺的石头。没有什么比接触更直接和亲密的了。

▲ 朝圣者在圣墓教堂前参观耶稣基督的坟墓

圣殿骑士团的衰亡

138 最后的堡垒　　　146 塞浦路斯的统治

154 对圣殿骑士的背叛

最后的堡垒

阿克是一个港口，是一座要塞城市，
同时也是通往圣地的桥头堡。
一旦有一方占领此地，就有可能导致
一场新的十字军东征来夺回耶路撒冷。

作者：爱德华多·艾伯特

1291年的5月15日，阿克正濒临毁灭。但是，在马穆鲁克的苏丹军队围攻这座圣城之前，阿克已经为自己埋下了覆灭的种子。阿克是圣地的最后一个十字军前哨站，只要基督教徒占领了阿克，就极有可能利用这座设防的港口城市作为基地和后勤仓库，进而重夺耶路撒冷和圣地。但一旦失败，十字军，特别是那些致力于十字军东征的教团，将不再拥有立足之地。一切胜负都取决于他们是否能守住阿克。

剩下的十字军前哨曾希望，马穆鲁克苏丹拜巴尔的死，会让穆斯林发生内讧。然而不幸的是，将军嘉拉温很快接替了拜巴尔的苏丹之位。考虑到莽撞进攻可能会激怒一些欧洲的国王——被激怒后，英格兰狮心王理查和法国国王腓力二世从穆斯林手中夺回了阿克的控制权——嘉拉温起初行动谨慎，扫荡了更脆弱的十字军前哨基地。以安条克为中心的拉塔基亚，是十字军国家仅存的最后一个港口。嘉拉温在占领此地后，准备进攻的黎波里。人们认为这座城市的治理水平低下，所以嘉拉温的线人传话说，攻占这座城市是一件轻而易举之事。但嘉拉温的队伍中有一个圣殿骑士团总团长吉拉米·德·博让安插的间谍埃米尔·法赫里——地位崇高且对嘉拉温的计划了如指掌。但不幸的是，当博让向的黎波里传达嘉拉温的计划时，的黎波里的政要们并不相信他。因为此前，博让曾在的黎波里卷入一场圣殿骑士继承人

▲ 医院骑士团军团长马修·德·克莱蒙特，正在守卫阿克城墙上的一个缺口

十字军国家的末日

撤离和弃置

即使阿克沦陷了,黎凡特仍有几支十字军警戒部队,于是阿什拉夫·哈利勒迅速行动并对它们进行攻破。首先是位于阿克以北 80 千米的西顿,那里仍有一座圣殿骑士城堡。马穆鲁克人开始在它所在的岛上修建堤道,于是圣殿骑士放弃了它,向北前往托尔托萨。但同时,马穆鲁克人也继续向北进军。7 月 31 日,贝鲁特沦陷。8 月 3 日,托尔托萨被遗弃。8 月 3 日至 14 日,就连坚固的圣殿骑士城堡据点附近的人也被疏散。幸存者从托尔托萨出海 3 千米,前往设防的鲁阿德岛。在被围困前,圣殿骑士们在鲁阿德驻扎了 12 年。马穆鲁克人再次向驻军发誓,保证他们的人身安全。然而这些诺言最终被背弃,驻军均被杀死或囚禁。

◀ 鲁阿德十字军城堡的废墟,十字军王国的最后一个前哨基地

▶ 阿克城内医院骑士团堡垒内的食堂

▶▶ 这条 350 米长的隧道于 1994 年才被重新发现。它连接了圣殿要塞和港口

选的纠纷中,这场纠纷最终演变成了一场恼人的小内战。在这场纠纷中,博让因口是心非,得到了一个无法摆脱的不公正之名。这最终给骑士团带来了灾难性的后果。

尽管收到了博让的警告,但的黎波里的市民们并未想到嘉拉温真的会打破停战条约。嘉拉温找了一个借口,毫不犹豫地在 1289 年 3 月进攻拉塔基亚港口。4 月 26 日,的黎波里在被短暂的围攻后失守。在其他指挥官逃跑的时候,圣殿的地方指挥官,蒙卡达的彼得,依旧坚守城池,最后和所有被俘的人一样,被残忍杀害了。的黎波里的妇女和儿童被卖为奴隶,随后嘉拉温下令将这座城市夷为平地。这是一场丧失怜悯之心的灭绝战争。

博让和他安插在嘉拉温队伍中的间谍很清楚,阿克并没有做好战斗准备。苏丹受另一项和平条约的约束,不能攻击阿克,同时博让也在试图确保苏丹不违反条约。但这不过是一种拖延战术,博让试图向欧洲的国王发出警告,并召集新兵来保卫阿克,以预防未来的袭击。但是博让推迟进攻的努力遭到一些增援部队的破坏。一队刚到的伦巴第人,听信了一则穆斯林勾引基督教妇女的谣言,准备在该市发动暴乱并袭击穆斯林。

骑士团和大亨们试图阻止骚乱,但嘉拉温还是得知了穆斯林死亡的消息。现在这位苏丹有了违反条约的借口。他派了一名使节前往阿克,要求教团将伦巴第人交给他处决。博让依旧在不停周旋,他召集议会讨论嘉拉温的最后通牒。由于不能将基督徒同胞交给苏丹,博让提议释放该市所有被定罪的罪犯,其中大部分罪犯都是穆斯

林,以平息嘉拉温的怒火。然而,议会却派了一名使者向苏丹解释说,所谓暴乱者是那些并不知道当地法律的新来者——但事实上,暴乱是由当地穆斯林发动的。

这成了嘉拉温违反条约的借口。他开始准备进攻阿克。间谍埃米尔·法赫里如实地向博让汇报嘉拉温的计划。博让试图提醒市民注意,但并没有人相信他。眼见战事将近,博让试图亲自与苏丹谈判,派使者到嘉拉温处打听他的条件。马穆鲁克苏丹要求阿克城的每个人上缴1金币。但当博让试图说服议会接受这笔交易时,他被喝止了。

1291年4月6日,博让从阿克的城墙向外望去,看到马穆鲁克军队的先锋队已经到达,开始侦察这座城市。此时,他为自己的先见之明而高兴,同时又心存忧虑——在几个月前,事情似乎出现了转变。1290年11月4日,嘉拉温离开开罗,率领军队远征阿克。但他在出发后不到一周就病死了。马穆鲁克人并没有因此陷入派系斗争,嘉拉温的儿子阿什拉夫·哈利勒成功继位。在军队已经出征的情况下,阿什拉夫下令部队继续前进以巩固自己的统治。

阿克的守军有充足的时间向欧洲求援,但很少有人回应他们绝望的呼声。为了防御,这座城市召集了1000名骑士和14000名共济会成员。守城者向城里的每一个人发放武器,期望他们一起参加阿克保卫战。但即便如此,当他们看着缓慢集结的马穆鲁克军队时,守城者意识到敌军人数太多了——每一名守城者都需对抗10多名马穆鲁克士兵。每名守军都被派去守卫一段城墙。圣殿骑士团守在东端靠海的城墙上，医院骑士团的人守卫着旁边的城墙。同时，圣殿骑士团在城市的海角也设有一座堡垒。

马穆鲁克人用箭发起进攻。大量弓箭手向城内射箭，箭雨嘶嘶。这样做一方面可以迫使防御者原地不动，另一方面可以使他们自己的工兵抵达墙壁，挖掘通向城内的壕沟，以此达到破坏防御工事的目的。守军把阿克的城门开着，但严密防守，因为他们希望通过出击来破坏围攻。博让于4月15日夜间出动，旨在摧毁马穆鲁克的大炮、石弩和不断向城市掷石的抛石机。这次突袭是成功的，但它仅仅放缓了马穆鲁克的进攻速度。很快，马穆鲁克的工兵就抵达城墙周围，开始破坏城墙。

增援部队陆续赶到，当塞浦路斯国王亨利二世携700人抵达时，守卫军看到了希望。但在5月8日，马穆鲁克的工兵成功地破坏了该市第一座防御塔。在接下来的一周里，更多沿城墙的驻军塔楼倒塌。马穆鲁克军队进一步逼近。所有的守卫军都知道最后的进攻即将到来，但他们不知道什么时候会到来。

持续的战斗使博让筋疲力尽，他在圣殿骑士之家，也就是骑士们的指挥所里，陷入了迷茫。最终，从医院骑士团驻守的围墙尽头，圣安东尼大门那里传来的鼓声吵醒了他。战鼓声和战斗的喧闹声告诉他大门已被攻破。1291年5月18日，马穆鲁克人攻入城内。博让飞速穿上盔甲，从圣殿骑士之家跑向他的马，接着召唤所有可用的圣殿骑士和他一起作战。如果穆斯林控制了突破口，那么马穆鲁克军队的力量，以及他们在人数上的巨大优势，将使守军缓慢后退，最终崩溃。骑士团唯一的机会是反击，在马穆鲁克人完全掌控大门之前将他们击退。博让召集了大约20人，然后冲向大门，把那些惊慌失措的平民推开。平民正涌向港口，希望能找到一艘船，把他

▶ 的黎波里的沦陷显然预示着阿克的最终命运

▼ 医院骑士团的总团长吉恩·德·维利尔斯，曾与圣殿骑士团的总团长并肩作战。他最后成功地逃离了阿克

们从海滩带到停泊在港口的船上。

在前往大门的路上，博让与医院骑士团总团长吉恩·德·维利尔斯会合。那时吉恩正和他能召集到的所有医院骑士一起冲向缺口。这两个骑士团的总团长，是长期的竞争对手，有时甚至是敌人，但此时他们并肩骑马来到大门前。如果他们不能先堵住这个缺口，把马穆鲁克人赶回去，这个城市就完了。

他们抵达城门时，看见马穆鲁克人拆毁了一段城墙，正从缺口进来。圣殿骑士和医院骑士肩

为什么没人援助？

给圣殿骑士带来的灾难性后果

即使阿克城处于十分危险的状态之中，援助还是寥寥无几，从欧洲赶来协助城市防御的人也越来越少。从第一次十字军东征成功克服了一切障碍、占领耶路撒冷、建立海外城邦到现在，已经将近两个世纪了。但耶路撒冷本身在 1187 年就沦陷了。尽管在第三次十字军东征的时候夺回了阿克，重新确立十字军在圣地的存在，但 13 世纪的事件却让十字军东征的意义逐渐衰弱。第四次十字军东征，最终只洗劫了君士坦丁堡，在圣地附近却一无所获。后来，整个十字军东征的概念范围扩大了，到了 1282 年，教皇可以要求对阿拉贡的基督徒进行十字军东征，这显然将教皇的政治敌人与上帝的敌人混为一谈，而十字军东征本应指向上帝的敌人。许多人对耶稣是否真的想以他的名义杀人表示怀疑，很明显，十字军东征已被质疑是否是一场拥有神圣意义且被认可的虔诚军事行动。这对圣殿骑士和其他十字军的伤害，从一个圣殿骑士对教

▲ 英格兰国王狮心王理查重新占领阿克，稳定了十字军国家并夺回了耶路撒冷

皇尼古拉斯四世的尖刻斥责中可见一斑："你本可以用国王的力量和其他基督徒的力量来拯救圣地……但你更愿意攻击作为基督徒的国王和西西里的基督徒，让国王们去对付另一个国王，借此收复西西里岛。"

并肩冲锋,挥舞长矛,冲入猛烈的弓箭风暴中。但他们面对的不仅仅是箭:马穆鲁克军队有燃烧弹,即所谓的希腊火,它们一旦被点燃,就无法被扑灭。

这场战争更像是发生在火药时代,而不是中世纪。圣殿骑士和医院骑士一次次冲锋,却被希腊火和箭雨击退。与此同时,马穆鲁克人进一步推进,他们竖起一堵盾牌墙,扩大缺口。当博让举起手臂示意另一次冲锋时,他感到自己被刺穿了。他低头一看,一支标枪插在他的左腋窝里。博让见过许多人在战斗中牺牲,他自己也杀了不少人,他深知目前的伤口是致命的。他保持清醒,并试图坐在马鞍上。因为他知道,如果他倒下了,马穆鲁克人的进攻会更加猛烈,而他的部下会丧失信心。但他眼前一黑,从马上摔了下来。他的仆人看见他滑倒在地,就用盾牌把他从战场上抬到海边,想找到一条船把他们从这座注定要灭亡的城市里运送出去。但是海水涨潮,没有船可以靠岸。无奈之下,他们把博让带到港口边城市角落的圣殿堡中。

外面传来城市被焚烧掠夺、民众被残杀和侵犯的尖叫和哭喊声。博让又清醒过来,他听见了这些叫声,询问发生了什么事。博让被告知骑士们还在战斗,随即他合上双目。那天晚上,圣殿骑士团的这位总团长去世。

▼ 从空中拍摄的现代阿克城。右边的前景是圣殿骑士要塞

在混乱和杀戮中，一些人逃脱了。亨利二世和吉恩·德·维利尔斯在港口上船。但在耶路撒冷的主教不停地把撤离人员拉上他的船时，船翻了，他被活活淹死。那些有能力到港口的人，倾尽家当换取上船的机会，祈求能将他们带到安全的地方。无法上船的人则去了圣殿堡垒——这城里最后的堡垒。在那里，圣殿骑士团军团长塞弗里的彼得，接纳了所有他能救的人，并封锁了城门。

马穆鲁克人在外面疯狂屠杀。后来有很多女孩被卖了，在大马士革市场上，一个女奴的价格降到了一德拉克马（希腊古币）。

但圣殿骑士团的堡垒仍然屹立不倒。苏丹阿什拉夫向守卫者提出条件：如果守卫者投降，他就允许他们带着所有财产上船离开。塞弗里的彼得注意到，许多平民躲在堡垒里，于是他同意了这些条款。但是，当他们打开大门允许苏丹的一队士兵引渡平民时，400名马穆鲁克士兵开始攻击在堡垒中避难的妇女和儿童。

见此，彼得下令关闭城门，杀光了闯入的马穆鲁克人。于是阿什拉夫又派了一名特使去见彼得并建议彼得亲自出去谈判。数百名平民需要得到彼得的庇护，因此，彼得只能通过谈判为他们找寻出路。彼得带着一小群圣殿骑士，冒险离开堡垒。他们被引领着穿过马穆鲁克防线，来到苏丹的帐篷中。但他们之间根本不存在和解。苏丹的人突然出现，抓住他们并将他们斩首。

5月28日，马穆鲁克人攻破堡垒城墙，发动了猛烈的冲击。但正在这时，堡垒突然坍塌，大多数袭击者被压在堡垒下致死。一位编年史学者说，这是圣殿骑士们在最后一次反击中，摧毁堡垒，与袭击者同归于尽。

阿克沦陷。十字军国家覆灭。十字军东征失败。

塞浦路斯的统治

圣殿骑士统治塞浦路斯，
并使东地中海岛屿成为他们在圣地动荡时期的总部。

作者：迈克·哈斯丘

　　由于靠近通往圣地的海路，在十字军东征期间，东地中海的塞浦路斯岛不可避免地成为欧洲开拓统治范围的焦点。从13世纪初到15世纪末的近400年里，塞浦路斯岛和圣殿骑士彼此之间密不可分，他们的故事层出不穷。

　　随着伟大领袖萨拉丁在12世纪中叶的崛起，穆斯林反抗十字军东征的态度比以往任何时候都更加统一。萨拉丁巩固了自己的权力地位，镇压了法蒂玛哈里发内部的反对派，于1169年成为国家大臣。随后，他开始了一场针对十字军的军事行动，将大部分圣地重置于穆斯林的控制之下。1187年7月4日，十字军在哈丁战役中惨败于萨拉丁军队。十字军的损失惨重，一位观察者回忆说，那些评估战场并得知死亡人数的目击者几乎不相信战败者中会有幸存者。

　　哈丁战役三个月后，耶路撒冷处于萨拉丁控制之下，耶路撒冷王国的摄政王卢西南的盖伊也随之被俘。萨拉丁希望盖伊能在剩下的十字军贵族中播下不和的种子，于是把他释放了。提尔城拒绝盖伊入城，于是召集了一支小军队围攻阿克港，阿克港成为十字军热情复苏的爆发点，于是这导致了第三次十字军东征的诞生。此次东征主要由拉丁教会和英格兰、法兰西和日耳曼国家的君主发起。

　　1189年，英格兰狮心王理查和法国腓力二世率领军队出发横渡地中海。理查的舰队中有几艘船被风暴吹离了航线。三艘船在塞浦路斯海域附近的港口城市利马索尔被击沉，他们的船员被塞浦路斯总督艾萨克·科姆尼诺斯监禁。另一艘船载着理查的妹妹琼和他的未婚夫纳瓦拉的贝林加里亚成功抵达塞浦路斯。船员们想喝水，但是艾萨克拒绝了。不久，理查国王登陆，他为家人和船员遭到的待遇感到愤怒。于是他组织训练有素的军队发动进攻，这使得艾萨克早早地结束了守军的工作。

　　艾萨克感受到了死亡的威胁，于是向理查提供了两万金币和500名士兵作为补偿，同时希望不要用脚镣捆着他。理查怀疑艾萨克的诚意，坚

持用银镣铐绑着他。国王继续向圣地前进,把塞浦路斯作为待征服的领土。他十分信任托恩汉姆的罗伯特和坎维尔的理查两位贵族,让他们负责全岛的驻军。狮心王理查刚离开,内乱就开始了。听到持续骚乱的消息时,理查断定,在发动第三次十字军东征的同时维持对塞浦路斯的控制几乎是不可能的事情。

说到圣殿骑士团,尽管教皇英诺森二世在1139年发行的《各种美善的恩赐》教令让骑士们可以在整个欧洲自由驰骋,但长期以来,圣殿骑士团总团长一直在寻求建立一个具有领土边界的自己国家的机会。圣殿骑士团的第11任总团长罗伯特·德·塞布尔曾协助说服英诺森二世发布一则影响深远的教令,他提出以10万金币的价格从十字军的理查国王手中购买塞浦路斯。德·塞布尔先付了4万金币,其余的钱将陆续从骑士们

·147·

▲ 圣殿骑士团的一位战斗修士骑在马背上冲向战场，手中挥舞着长矛

◀ 狮心王理查随后给卢西南的盖伊以国王的身份统治耶路撒冷和塞浦路斯的机会

▶ 理查一世被刻画成一个凯旋的人，他在攻打塞浦路斯的途中登陆阿克

在岛上获取的利润中扣除。

对圣殿骑士来说，掌控塞浦路斯提高了他们在东地中海航线上的商业主导地位，更有利于他们从塞浦路斯人民身上榨取税收、贡品并进行剥削。不过仍有一些问题需要解决。圣殿骑士团作为世界上首屈一指的战斗力量之一，经常需要在其他地方提供军事支持。因此，德·塞布尔只能留下一支象征性的骑士部队来管理这个岛屿。有关塞浦路斯骑士力量的记载各不相同，有记载显示这些军队的人员很少，只有14至20名战斗修士，大约20名中士和74名士兵。阿曼德·布查特是驻扎在塞浦路斯的圣殿骑士团指挥官，他显然无法用这么小的部队有效管理1万平方千米的岛屿。

当狮心王理查占领塞浦路斯并囚禁艾萨克·科姆尼诺斯时，塞浦路斯人民可能将这位国王视为了一个解放者，因为他推翻了剥削他们多年的暴君。

一些学者推测，之后塞浦路斯人逐渐厌倦了外邦人的统治，特别是穆斯林和罗马天主教骑士的统治，因为塞浦路斯人主要信奉东正教。圣殿骑士开始暴露自大的特点，骑士们为所欲为，征收重税，任意放权，像对待耶路撒冷王国的穆斯林农民一样，轻蔑地对待塞浦路斯人民。不久后，圣殿骑士团就与塞浦路斯的贵族和普通市民疏远了。

1192年4月5日爆发了针对圣殿骑士的公开叛乱，塞浦路斯的小规模骑士部队迅速被愤怒的民众包围，这迫使布查特和他的部队撤退到位于尼科西亚镇的临时安全地带。民众对随后发生的戏剧性事件的描述各不相同，但据信，骑士提出放弃对该岛的控制权，以换取安全前往港口逃离的可能。但愤怒的人民断然拒绝了这项提议。

当代的一些历史学家认为，骑士们被逼入绝境时别无选择，只能将自己的命运寄托于上帝和反击之中。据说在复活节的那个星期天，骑士

德·莫莱和他的晋升之路

升任为圣殿骑士团总团长的希望

1273年至1291年,吉拉米·德·博让担任圣殿骑士团总团长,他在阿克的围攻中丧生,是最后一位在圣地领导骑士团的总团长。雅克·德·莫莱批判吉拉米·德·博让,他认为后者反对穆斯林的态度过于被动。德·莫莱反对这位总团长,甚至声称他犯有欺骗和背叛教团的罪行。当然,德·莫莱诋毁德·博让的举动主要是因为他希望自己可以升任为圣殿骑士团总团长。

然而,在德·博让死后,蒂巴德·德·高迪恩于1291年8月当选为西顿的总团长。在随后的进程中,莫莱被任命为军团长,接任同样于战争中死去的皮埃尔·德·西弗里的职位。尽管莫莱成为总团长的希望落空了,但这个挫折只是暂时的。他不断地努力,不断地向高迪恩挑战,坚称他才是总团长的更好人选。高迪恩只在总团长的位子上待了不到一年。1292年4月16日,蒂巴德·德·高迪恩去世,德·莫莱坐上了他梦寐以求的总团长之位。

▲ 雅克·德·莫莱是圣殿骑士团的最后一位总团长

们在参加完弥撒后孤注一掷,冲出城堡,发动袭击。当骑兵骑行在城镇的街道上肆意屠杀时,众多塞浦路斯人被杀害。

然而,史学家提尔的威廉讲述了一个不同的故事:这是一场血腥而绝望的冲突。"雷纳尔德·博查德(布查特)修士是他们的指挥官,当骑士们意识到希腊人(塞浦路斯人)不会仁慈时,他们向上帝自荐,并得到了忏悔和赦免。然后他们武装起来,与希腊人作战。"威廉写道,"神以他的旨意将胜利赐给圣殿骑士,许多希腊人被杀或被掳走。他们(骑士)立即来到阿克,向团长和修道院众人解释了遭遇。他们彼此商量,同意不再把这座岛屿作为自己的财产,而是把它还给理查国王,以此换取安全。"

理查对再次攻打塞浦路斯没什么兴趣,但他确实给出了一个令人满意的解决方案。卢西南的盖伊在哈丁战役后失去王国,但在第三次十字军东征期间,他航行至塞浦路斯并提供小型军队作为支持,显示了他对狮心王的忠诚。理查承认盖伊的献身精神,暂时将塞浦路斯收回并卖给盖伊,盖伊得到了意大利商人的热情支持,因为他们看到了获得贸易优惠的机会。

尽管圣殿骑士已经放弃了对塞浦路斯的控制,但他们没有收取退还的4万金币。取而代之的是,他们可以保留在那里的财产,包括城堡、内陆飞地和尼科西亚、利马索尔、法马古斯塔、加斯蒂亚、乔基蒂亚和耶姆索亚的港口设施。从表面上来看,卢西南家族一直统治塞浦路斯直到14世纪末。

在第三次十字军东征期间,卢西南的盖伊从穆斯林手中夺回了阿克,一个世纪后,这座港口城市再次陷入危险。这一次,强大的马穆鲁克苏丹发动了一场围攻,阿克最终于1291年5月18日沦陷,十字军在圣地的最后一支军事力量消失了。即将成为总团长的蒂巴德·德·高迪恩和几个骑士在晚上逃离了他们的海边堡垒，把圣殿骑士的宝藏带到西顿的安全地带。留守阿克的圣殿骑士团军团长皮埃尔·德·西弗里与马穆鲁克指挥官苏丹哈利勒谈判并达成一项协议，以确保前往塞浦路斯的路途是安全的。然而，当圣殿骑士杀死了试图把妇女和儿童作为奴隶囚禁起来的马穆鲁克战士时，协议破裂了。当西弗里与哈利勒洽谈希望商讨另一个协议时，他的代表团被处死。5月28日，圣殿骑士要塞倒塌，阿克残存的骑士全部死亡。

幸存的圣殿骑士和难民逃到了塞浦路斯，这成为圣殿骑士团在地中海东部有所作为的基础。他们对发动另一场针对穆斯林的十字军东征兴趣不大。不过，圣殿骑士团确实控制了该地区的海上航线，并通过其商业和银行的专业知识积累了财富。总团长蒂巴德·德·高迪恩死于1292年，他的首席上尉雅克·德·莫莱成为圣殿骑士团的第23位，也是最后一位总团长。

在德·莫莱的领导下，骑士们得到了一些来自欧洲的支援，借以重建他们的军队并维持对塞浦路斯的防御。然而，他发起新十字军东征的努力失败了。德·莫莱为自己的立场辩护，他不仅反对马穆鲁克人，也反对塞浦路斯的亨利二世。亨利二世是耶路撒冷的最后一位国王，也是卢西南家族的一员。亨利允许圣殿骑士团和医院骑士团在塞浦路斯避难，但限制他们拥有更多的土地。由于这个原因，医院骑士最终离开了塞浦路斯，并在罗得岛建立了属于自己的权力王国。

尽管如此，德·莫莱还是设法将亨利二世

▼ 在参加第三次十字军东征时，理查一世在征服塞浦路斯上发挥了重要作用

▲ 塞浦路斯西南部的科洛西城堡是十字军的据点,曾一度被圣殿骑士团占领

▼ 被称为狮心王的英格兰国王理查一世和在战前祈祷的十字军

的军队与圣殿骑士团、其他基督教军事骑士团及波斯伊卡那的蒙古人联合起来。1299年到1303年,他策划并执行了一系列针对圣地本土和其他穆斯林据点的突袭行动。

1300年夏天,德·莫莱和亨利二世率领一支小分队登上16艘来自法马古斯塔的船只,对叙利亚和埃及沿海的定居点进行突袭,袭击了阿克、亚历山大、罗塞塔、托尔托萨和马拉克利亚,然后撤退到塞浦路斯。同年,他们准备对托尔托萨发动更大规模的袭击。塞浦路斯军队在鲁阿德岛登陆,骑士们在那里建立了一个根据地,借以夺取托尔托萨的一个据点,并在蒙古人的帮助下进一步前进。然而蒙古人至少有三次没有按约定出现,1302年9月26日,鲁阿德在围攻中沦陷。

鲁阿德沦陷后,德·莫莱停止了小规模突

过去和未来的塞浦路斯国王

继承、流放和复辟

1286年8月15日，亨利二世称王，他是塞浦路斯的国王，同时也是耶路撒冷的最后一位加冕国王。亨利是卢西南家族的一员，他在1285年春天继承了他兄弟约翰一世的王位。一些历史学家认为亨利可能毒死了他的同胞，以此加速掌权。在亨利作为耶路撒冷国王期间，大部分圣地都在马穆鲁克人的控制之下。1291年，阿克的沦陷使十字军退出中东大陆。亨利试图控制圣殿骑士团在塞浦路斯的扩张，但同时也与他们合作，反对穆斯林领地的扩张。除此之外，他还与蒙古人结盟，试图切断热那亚商人和马穆鲁克人之间的贸易，并两次写信给教皇克雷芒五世，支持重新发起对穆斯林的全面十字军东征。然而，到了1306年，亨利的力量被削弱。他的兄弟阿马雷与圣殿骑士团结盟，试图夺取王位。他已经因为类似的阴谋，判处他的兄弟塞浦路斯的王室总管盖伊死刑。但这一次，亨利被废黜并流放到亚美尼亚，在那里他被阿马雷的姐夫奥辛国王监禁。1310年，阿马雷被谋杀，亨利回到塞浦路斯，在医院骑士团的帮助下夺回王位。三年后，他主持将圣殿骑士团的资产转让给医院骑士团。他一直统治塞浦路斯直到1324年去世。

▲ 狮子和十字架是塞浦路斯和耶路撒冷的卢西南家族盾徽上的著名标志

袭，开始了他为筹备新一轮十字军东征的失败之旅。在他继续努力的同时，关于圣殿骑士团与其他军事骑士团合并的争论也开始了。

1305年，教皇克雷芒五世要求德·莫莱和其他军事骑士团，包括医院骑士团的领导人，就合并教团和重启十字军东征发表意见。1306年的夏天，德·莫莱答应了，然后与圣殿骑士团的其他领导人一起前往法国，会见克雷芒五世和医院骑士团。克雷芒受法国国王腓力四世的控制。腓力四世欠圣殿骑士团一大笔债，因此他希望通过合并直接控制骑士团，这样或许就可以抹去他的债务。

腓力四世还罗织了其他对圣殿骑士团的不利证据，包括对异端罪和那些被赶下台的前骑士们的卑鄙行为的指控。德·莫莱反对骑士团合并，也反对那些指控，这激起了腓力四世的愤怒，也为他提供了一个机会。1307年10月13日星期五，德·莫莱和许多圣殿骑士被捕。

审判、折磨和苦难，即将到来。

对圣殿骑士的背叛

七年内，圣殿骑士团被追捕、处决、摧毁。这是因为他们的亵渎行为受到了正义的制裁，还是因为他们只是阴谋的受害者？

作者：弗朗西斯·怀特（Frances White）

雅克·德·莫莱很平静。在长达七年的指控、审判、折磨、否认和忏悔中，他一点也不平静，但当这个体弱颓废的人被带到塞纳河畔的小岛上时，他没有哭泣，也没有颤抖。一大群人聚集在一起看着这位老者死去，小岛上竖起了一座火堆，他们准备点燃火堆并夺走他的灵魂。德·莫莱被剥去曾是衣服的破布，一直脱到他破旧的衬衫，然后卫兵把他瘦削苍白的身体绑在木桩上。最后，这个沉默的人开口了。他要求转过身去面对圣母院大教堂，并要求解开他双手上的绳索，这样他就可以在祈祷中死去。这些请求都得到了批准，德·莫莱在点燃柴堆时默默地低头祈祷。火焰很快就燃起来了，当火舌在他身上肆虐时，他又说话了，他的声音在火焰的噼啪声中渐渐变大。

"上帝知道谁有错，谁犯了罪！"他宣称，"那些冤枉我们的人很快就会遭遇不幸：上帝会为我们的死报仇。别搞错了，所有反对我们的人都会因为我们而受苦！"火苗升得更高了，但他的脸上并没有痛苦之色。"克雷芒教皇和腓力国王，你们现在听我说！"他咆哮着，"一年之内，你们要在上帝面前为你们的罪行负责！"说完这些话后，德·莫莱默默地倒下，火焰夺走了他的灵魂。

在这一年结束之前，教皇克雷芒和腓力四世相继去世了。1314年4月20日，克雷芒五世病故。法国国王在1314年11月29日的一次狩猎事故后去世，年仅46岁。德·莫莱的骑士团几乎灭绝了，但圣殿骑士团最后一位总团长的诅咒将继续存在。

雅克·德·莫莱的著名遗言可能并不是他本人说的。就像圣殿骑士团的许多方面一样，他们被神话和传说扭曲了，今天我们不知道他是否用垂死的气息诅咒了他的背叛者，由于圣殿骑士团突然戏剧性地垮台，一系列关于骑士团的谣言、神话和阴谋持续存在，这些都掩盖了骑士团真正卑微的开端和毁灭性的结局。骑士团的毁灭震撼了14世纪的欧洲。

关键人物

那些破坏骑士团的人
和那些为保卫骑士团而战的人

雅克·德·莫莱
1243年至1314年3月18日

圣殿骑士团的第23位也是最后一位总团长。德·莫莱的早期生活鲜为人知，但他后来成为最著名的圣殿骑士之一。他旨在改革骑士团，但这是他永远无法实现的目标。

法国国王腓力四世
1268年至1314年11月29日

腓力也被称为铁王，他带领法国从封建国家走向中央集权国家。他非常相信全能的君主制，他的雄心壮志是让他的亲戚坐上全世界的王位。除了摧毁圣殿骑士团，他还将犹太人驱逐出法国。

教皇克雷芒五世
1264年至1314年

克雷芒原名为雷蒙德·贝特朗·德·戈特，1305年6月5日被任命为教皇。人们对于他对腓力四世的忠诚存在一些争议，一些人把他描绘成法国国王的工具，而另一些人则认为他表现出了令人惊讶的抵抗行为。不管怎样，他现在被认为是镇压圣殿骑士的教皇。

诺加莱·德·纪尧姆
1260年至1313年

作为法兰西腓力四世的印章保管人，纪尧姆曾在腓力和教皇博尼法斯的争执中扮演重要角色：劝说国王绑架教皇。他在圣殿骑士团的倒台中也扮演了核心角色，即迫使骑士团成员作证反对圣殿骑士团。

杰弗里·德·查尼
？至1314年

作为诺曼底的教士，查尼从小就是圣殿骑士团的一员，并在军中晋升。和大部分骑士团成员一样，他被逮捕、被折磨、被迫招供，后来也收回了供词。查尼是被逮捕的三名高级领导人中唯一一名站在总团长一方并否认指控的人。

1305年，德·莫莱收到了当时在法国的教皇克雷芒五世的一封信，信中提到圣殿骑士团可能和医院骑士团合并。德·莫莱强烈反对，但在1306年，克雷芒邀请两位总团长到法国进一步讨论这个问题，指示他们"毫不迟延地，尽可能秘密地到这里来"。德·莫莱于1307年到达法国，但医院骑士团总团长福尔克斯·德·维拉雷特却因故没有到达。当教皇和德·莫莱等待时，他们提出了一个完全不同的讨论主题。

两年前，一位被赶下台的圣殿骑士曾多次指控圣殿骑士团犯有刑事罪，尽管人们普遍认为这些指控是假的，但法国国王腓力四世最近又让人重新开始讨论这些指控。德·莫莱厌倦了这些荒唐的指控，请求克雷芒调查一下这件事，以摆脱污名。8月24日，克雷芒写信给腓力，说他不相信这些指控，但他将开始一项"并非没有极大的悲伤、焦虑和心烦意乱"的调查，并建议腓力不要采取进一步行动。但腓力不听。10月13日星期五拂晓，腓力四世的军队逮捕了他们在法国能找到的所有圣殿骑士。

腓力四世的粗鲁行为并非没有先例，他有轻率暴力之名。腓力此前曾与教皇博尼法斯八世发生冲突，并对他发起反教皇运动。腓力认为法国应该把王权集中起来，所以这场纷争升级了。1303年，腓力试图绑架教皇，将他带到法国接受异端的指控。这一冲击最终导致博尼法斯死亡，他的继任者本尼迪克特十一世在就任九个月后就去世了。国王借此任命克雷芒为教皇。腓力此前也曾在这座城市逮捕富有的意大利银行家，剥夺他们的资产，然后他将目标转向被赶出王国的犹太人。这些行为很容易解释——腓力继承了一个深陷金融危机的王国，他认为他的权威高于教皇。

当法国的圣殿骑士被捕时，对他们的指控是异端、同性恋、亵渎和否认基督。腓力把自己描

圣殿骑士的等级

圣殿骑士团是一个精巧的组织，每个人都有自己的角色来维持它的运作。

总团长
总团长是圣殿骑士团的最高权威，只对教皇负责。总团长是终身任职的，一直服务至死。总团长经常参与战斗并在战斗中牺牲，这使得这个位置毫无安全可言。

司铎长
司铎长又称大司令官，是总团长的得力助手和顾问。他负责许多行政工作：在和平时期，他负责管理骑士团的土地；在战争中，他负责组织人员和物资的流动。

军团长
军团长掌控着与战争有关的一切。他负责所有的武器和马匹，以及一系列其他军事事务。在采取任何作战策略之前，总团长都会和军团长商量。

陆上指挥官
他们是耶路撒冷、安条克、的黎波里三地的首领。耶路撒冷的指挥官兼任司库，其他的指挥官则根据自己的城市承担具体的地区责任。他们负责自己地区圣殿骑士的房屋、农场和城堡。

骑士、房屋和农场的指挥官
这些圣殿骑士负责管理各个庄园，以确保日常行动的顺利进行。这个职位由骑士或中士担任。

骑士和士官
骑士团的主要军事力量是出身高贵、身着著名白斗篷的骑士。士官也参加战斗，但他们的出身并不高贵，因此军衔比骑士低，穿着黑色或棕色的斗篷。

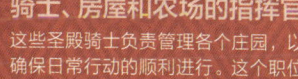

▼ 法王腓力四世下令,将数百名圣殿骑士绑在火刑柱上烧死

绘成基督的战士，就像他圣洁的祖父路易九世一样。但他的行为违反了罗马教会的命令，克雷芒五世非常愤怒。腓力很可能认为教皇只是一个意志软弱的老人，不会构成威胁，但克雷芒愤怒地写信给腓力，指责他违反了"不得藐视罗马教会行为"中的每一条。

但这对圣殿中的骑士们来说并没什么帮助。约有15000名圣殿骑士被关入法国的监狱里：许多人不是贵族或骑士，而是农民和牧羊人。德·莫莱也没有逃脱被捕的命运：就在他于国王的嫂子的葬礼上担任灵柩护送者的第二天，他被捕了。腓力夺走了圣殿骑士们的地产和财物，同时决定一定要获得他们的赎罪书，这样就可以把骑士团彻底摧毁。

为了让骑士们招供，腓力的审查官使用了各种可怕和令人泄气的方法来消磨这些人的意志。经常使用的是一种拉长受害者身体并使其关节脱臼的架子和吊坠刑具，吊坠刑具是用绳子绑住受害者的手，吊在滑轮上，把人悬到空中，然后迅速把他摔下来；或者在囚犯的脚底涂上润滑油，然后用火焰点燃；或者把他们的牙齿拔掉，鞭打他们的四肢。骑士们被囚禁在寒冷黑暗的牢房里，那些在折磨中死去的人会被秘密埋葬。1308年，一位匿名作家写到牢房里的情况："人类的语言无法描述这些无辜者自被捕之

圣殿骑士团的秘辛
圣杯

圣杯也许是与圣殿骑士们最密切相关的物品。从沃尔夫拉姆·冯·埃舍巴赫的中世纪浪漫小说《帕齐瓦尔》到丹·布朗的《达·芬奇密码》，圣殿骑士一直与这一神秘的圣物有关。在小说中，圣殿骑士经常被描绘成耶稣在最后的晚餐中使用的杯子的守护者。有趣的是，圣殿骑士的诞生地，特鲁瓦，也是第一部有关圣杯的传奇小说的创作地。圣杯的故事在12世纪和13世纪开始流行，当时圣殿骑士正处于权力巅峰。虽然圣殿骑士是社会的一部分，但即使在他们的时代，他们也是充满神秘感的。

▲ 德·莫莱被迫在一封信上签字，要求所有圣殿骑士承认对他们的指控

圣殿骑士的数量

20000
最高峰时圣殿骑士数量

15 名证人在1310年5月12日之前提供了反对骑士团的证据,之后有198人提供了证据。

54+
名圣殿骑士于1310年5月被烧死。

597
名证人在1310年5月12日之前为骑士团辩护,而在该日之后,只有14人坚持为骑士团辩护。

最初有九名骑士去保护朝圣者。

200000
医院骑士付给法国国王20万里弗尔作为"补偿"。

日起三个月内所遭受的刑罚、折磨、痛苦、奚落和各种可怕的拷问。从他们被逮捕的那一天起,他们在牢房里日夜不停地哭泣和叹息,他们在遭受折磨时咬牙切齿,大声号叫……真理致其死,谎言使其生。"

毫无疑问,当圣殿骑士受审时,许多人承认了加诸在他们身上的各种罪行。在审判过程中,对圣殿骑士的指控越来越多,从焚烧婴儿到虐待处女,甚至强迫年轻的弟兄们吃死者的骨灰。尽管这些指控在今天看来十分离谱,但在当时,人们竟相信了这些荒唐的指控。

在监督酷刑的检察官主持的听证会上,138名修士中的134人对一项或多项指控供认不讳。在遭受酷刑之后,德·莫莱本人签署了一份供词。紧接着,他们开始给骑士团所有高级成员匹配供词。然而,当克雷芒坚持在教皇委员会面前听取忏悔时,德·莫莱和他的手下反悔了。在远离腓力控制的情况下,德·莫莱收回供词,声称他最初只是因为遭受酷刑才被迫招认。其他的圣殿骑士也跟着反悔,腓力想迅速而残忍地摧毁这一骑士团的计划眼见要破产了。

欧洲各地的圣殿骑士

当教皇下令欧洲各地的基督教君主逮捕圣殿骑士时,并不是所有人都愿意执行命令。

不列颠群岛

爱德华二世最初对圣殿骑士被指控的罪行持怀疑态度,并没有将他们视为威胁。他写信给教皇为骑士团辩护,但他最终被迫逮捕并审判了许多圣殿骑士。起初,他不允许人们向骑士施加酷刑,所有圣殿骑士都高呼无罪,但当教皇的审问官接手时,骑士们很快就招供了。他们没有被处以火刑,只是被迫公开忏悔。那些拒绝认错的人被监禁至死。

意大利

意大利各地区的情况各不相同。在伦巴第,圣殿骑士得到了广泛支持。有些圣殿骑士承认指控,但也有很多人声称其他人在撒谎。在佛罗伦萨,尽管使用了酷刑,13名圣殿骑士中也只有6人认罪。

塞浦路斯

由于圣殿骑士的功劳,国王阿马雷·德·卢西南获得了王位,所以他不愿意逮捕圣殿骑士。但国王在审判期间被残忍地杀害,圣殿骑士的敌人亨利二世重新夺回了王位。酷刑几乎立即开始,许多人在争辩清白时被迫害致死。

葡萄牙

与其他地方的圣殿骑士相比,葡萄牙的圣殿骑士轻松脱身了。国王丹尼斯一世拒绝迫害圣殿骑士,但不能推翻教皇废除圣殿骑士团的决定。在丹尼斯一世的保护下,圣殿骑士团重新将自己标榜为"基督的骑士团",丹尼斯一世还与克雷芒五世的继任者谈判,要求继承圣殿骑士团的资产。

伊比利亚半岛

阿拉贡的詹姆斯二世尽管在最初抱有疑问,但他还是在教皇下令逮捕圣殿骑士之前,于1308年1月6日下令逮捕大部分圣殿骑士。然而,许多圣殿骑士在他们的城堡里筑起了防御工事,并请求支援,但不幸的是没有人前来相助。所有的圣殿骑士都申明自己是清白的。在禁止酷刑的情况下,没有人招供,也没有圣殿骑士因异端而被判死刑。

▲ 这幅画是在谣传德·莫莱重新占领耶路撒冷时创作的

▲ 1129年，教皇霍诺里乌斯二世在特鲁瓦会议上承认圣殿骑士团

为了说服克雷芒五世，腓力四世去波提埃拜访他，并派72名圣殿骑士在他面前忏悔。他让军队分发小册子，发表关于圣殿骑士堕落的演讲。表面上高谈阔论、霸气十足的克雷芒五世实际上被软禁了，于是他屈服了，下令对圣殿骑士进行调查。德·莫莱和其他高级成员撤回了他们的反悔声明，腓力的计划再次启动。

圣殿骑士团没有任何形式上的法律委员会。1310年，两名受过法律培训的圣殿骑士对之前的指控进行了令人印象深刻的辩护，坚称圣殿骑士不仅是无辜的，而且还深陷残酷的阴谋之中。天平开始向圣殿骑士们倾斜，于是腓力迅速做出了一个决定。1310年5月12日，54名先前撤回供词的圣殿骑士被烧死在火刑柱上，原因是他们再次成为了异教徒。同时，两名圣殿骑士的辩护者从监狱中消失了。

由于没有人为他们辩护了，圣殿骑士再次陷入绝境。在腓力的高压下，克雷芒很可能希望

圣殿骑士团的秘辛

都灵裹尸布

圣殿骑士秘密藏匿甚至崇拜都灵裹尸布的传言，其实比圣杯传说更有根据。这条看起来像是耶稣的脸的布首先是由杰弗里·德·查尼的家人展示的，他和德·莫莱被烧死在火刑柱上。一名被指控的圣殿骑士阿诺·萨巴蒂埃也声称，在他的入会仪式上，他看到了"一块长长的亚麻布，上面印着一个男人的形象"，并被指示通过三次亲吻它的脚来表达尊重。这使得许多人得出结论，圣殿骑士被指控崇拜的偶像实际上是都灵裹尸布。经过对裹尸布进行放射性碳年代测定，发现裹尸布的年代可以追溯到1260年至1390年，正好符合这一传言。许多人还声称裹尸布上的脸并不是基督的，而是德·莫莱的。

▲ 据传说，当雅克·德·莫莱被绑在火刑柱上受刑时，他诅咒了国王

▼ 在十字军东征的关键战役中,圣殿骑士经常先于军队前进

有罪还是无罪?

圣殿骑士被指控的真相到底是什么?

正方	反方
尽管这一点经常被认为是腓力捏造的,但有证据表明,这一指控是有事实根据的,有许多圣殿骑士承认了这一点。在1308年的审讯中,雅克·德·莫莱承认了这一行为。最近在梵蒂冈图书馆发现的"奇农羊皮纸"进一步证实了这一指控。	尽管德·莫莱证实了向十字架上吐口水的行为,但将其归为异端显然让人无法理解。德·莫莱说,这种做法是为了使圣殿骑士能更坚强地面对撒拉逊人的折磨,训练他们"只凭头脑而不是用心"否认自己的信仰。腓力的间谍很可能目睹了这些行为,却误解了这样做的目的。

向十字架上吐口水

正方	反方
对圣殿骑士的指控是"他们用小绳子围住或触摸每一个神像的头部,之后将这些绳子系在自己身上"。很多骑士都承认崇拜过神像,它通常以真人大小的头像的形式出现。我们知道,圣殿骑士拥有像卡尔西顿的圣尤菲米娅的头一样的头像。事实上,这个骑士团保留着这些头像意味着,他们肯定以某种形式在祭拜它们。	在巴黎的审判中,只有九名圣殿骑士承认了他们对头像的崇拜,而对"偶像"的描述在整个欧洲也不尽相同。在一个版本中,它"覆盖在旧皮肤上,眼睛是两个痈疽",在另一个版本中,它是由金银制成的;有的说它有三四条腿,而在另一个版本中,有人说它头部有角。这些相互矛盾的说法表明,这些供词是遭受酷刑的结果。据说这个偶像的名字是"巴风特",但可能是误译了其他的名字。不管怎样,如果圣殿骑士真的崇拜这样一个神像,但他们的神殿里似乎没有这个人物的明确标志,这是不合理的。

崇拜巴风特

正方	反方
圣殿骑士们面临的指控是"他们告诉被接纳的成员们,他们可以一起发生性关系……他们应该互相做并互相服从"。由于圣殿骑士们发誓要独身不能结婚,人们认为他们搞同性恋是为了满足自己的欲望。尽管很少有人承认,但许多人作证说,性行为是不被禁止的。	这是那个时代用来诋毁或毁灭任何人的最常见的指控。腓力对教皇博尼法斯八世提出了类似的指控,这似乎是他最喜欢用来对付敌人的工具,因为人们很难反驳。然而,尽管遭受酷刑,在巴黎审判中只有三名圣殿骑士承认了。尽管德·莫莱很快便承认了背叛基督,但他仍强烈反对这一指控,声称圣殿骑士团的规则明确禁止此类行为,并给予犯错者严厉惩罚,例如将其驱逐出圣殿骑士团。

同性恋

彻底摆脱这件事,于是他发布了一项法令,正式废除了圣殿骑士团。这并不意味着骑士们有罪,但这是圣殿骑士团的末日。令腓力恼火的是,教皇又发布了第二则教皇令,把圣殿骑士团的财富转移给了医院骑士团。最后,教令《近期考虑》(Considerantes Dudum)允许每个省以合适的方式,处理他们所在地的圣殿骑士。但是,圣殿骑士团领袖们的命运仍然掌握在教会手中。

德·莫莱和他的三名高级成员在监狱里苦苦等待着审判他们命运的消息。最后,在1314年3

▲ 朝圣者在前往耶路撒冷的途中冒着被抢劫和屠杀的危险

◀ 圣殿骑士被指控崇拜一个叫巴风特的异教徒偶像

月18日，这些领袖被带到圣母院前的一个讲台上听从判决。这四个人均已年长，德·莫莱至少有70岁，其他人都是五六十岁。由于他们早先的供词，他们被认为犯有异端罪，被判无期徒刑。其中两个人默默地接受了命运，但想到要在阴暗潮湿的牢房里挨饿度过余生，作为骑士团的最后一位领袖，德·莫莱终于发声。令群众震惊并令红衣主教厌恶的是，这位总团长和他忠诚的诺曼底团长杰弗里·德·查尼大声抗议以证清白。他们不承认自己的口供书，坚称骑士团是圣洁的。在七年的监禁中，德·莫莱没能捍卫他的骑士团，但此时他在用他的生命守护骑士团。

这是出乎意料的，红衣主教们不知所措。当腓力听到这个消息时，非常愤怒。他裁定，由于圣殿骑士现在宣称他们是清白的，他们犯了再次

圣殿骑士团的秘辛

法国大革命

当路易十六在法国大革命中被送往断头台时，据一些消息来源称，一名男子跳上讲台，用手指蘸血。他喊道："雅克·德·莫莱，你成功报仇了！"然后人群欢呼起来。圣殿骑士对诅咒他们的法国君主制实施报复的传说在当时颇为流行。还有说法称，幸存的圣殿骑士转入地下继续工作。

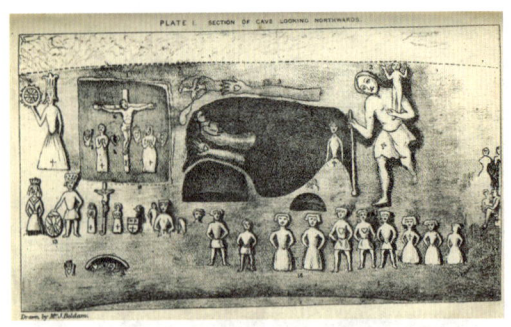
▲ 据传，圣殿骑士团解散后，成员在罗伊斯顿洞穴中秘密会面

▲ 圣殿教堂还保留着这些中世纪骑士的大理石雕像

成为异教徒的罪行，他们最终被处以火刑。

其余的圣殿骑士并没有因他们发誓修道而得到解脱，许多人受到了诸如长期监禁等惩罚。许多圣殿骑士按照教皇的想法加入了医院骑士团，但也有一些人被送到与世隔绝的修道院里度过余生。还有一些人可以作为普通社会成员靠养老金生活，永远从"骑士"的生活中退隐。即使历史上有一些记录，但欧洲数万名骑士团成员的遭遇仍然是个疑团，圣殿骑士团的真正档案与他们的大部分宝藏从未被发现。

圣殿骑士团的土地和财产被正式移交给了医院骑士团，但是英格兰王室在1338年之前一直持有其中的一些财产。除了法克斯弗利特、赫斯特圣殿和纽瑟姆圣殿（该国最富有的圣殿之一）外，圣殿骑士团的大部分财产最终都移交给了医院骑士团。在伊比利亚半岛，阿拉贡国王选择把圣殿骑士团的资产交给蒙特萨骑士团。

实际上，把所有的土地和资产转让给对立派别，并不那么容易执行。以前属于圣殿骑士团的大量土地和金钱并没有完全流入医院骑士团的手中，而是落入了贵族的口袋，特别是卡斯蒂利亚的贵族手中。在英格兰，最有价值的不一定是土地和财产，而是储存在那里的货物。英格兰的圣殿骑士是精明的商人：有些地方放有大量货物，如16块石料或38袋羊毛。当时财政部急需补充财库，这很可能是促使英格兰王室扣押圣殿骑士在英格兰资产的原因。国王很快下令将所有

圣殿骑士团的土地和财产被正式移交给了医院骑士团，但是英格兰王室在1338年之前一直持有其中的一些财产。

发现的羊毛交给卢卡的商人，因为国王欠了卢卡的债。圣庙里的粮食也得到了很好的利用——它们填饱了苏格兰士兵的肚子。圣殿骑士庄园里的肉和鱼甚至被用于在威斯敏斯特举行的国王加冕典礼上，森林被砍伐并出售以进一步填充金库。马、牲畜，甚至厨房用具和工具在医院骑士团接管之前就被劫走并卖掉了。1540年，亨利八世没收了医院骑士团的财产，从而压制了医院骑士团在英格兰和修道院的权力。同时，在整个欧洲发生的变革使得人们对骑士团的认可在短时间内再次迅速下滑。

由于圣殿骑士团所属财产转移的延迟和混乱，再加上大量的圣殿骑士似乎已经消失在人们的记忆中，关于剩余圣殿骑士命运的各种阴谋论被捏造出来，其中包括他们乘坐舰船逃到苏格兰西部成为瑞士自由战士的说法。圣殿骑士团仍留给我们许多谜团，尚未解开。

丢失的十字架

在哈丁战役中被缴获

真十字架被认为是耶稣被钉在十字架上的肉体十字架。与历史上的任何遗物相比，这个十字架也许拥有最血腥的过去。传说这个十字架是海伦娜皇后在4世纪进入圣地的途中发现的。之后，十字架被打碎并散落四地，据说一部分是在第一次十字军东征时被发现的，随后它成为耶路撒冷的圣物，被带到战场上不少于31次。这件遗物在1187年的哈丁战役中被穆斯林获得。尽管狮心王理查等十字军国家的君王试图夺回它，但碎片从未被归还，并从历史记录中完全消失。

▲ 据说，真十字架的碎片足够填满一艘船

▼ 葡萄牙基督城堡修道院最初是圣殿骑士团的据点，后来成为基督骑士团的总部

图片所属

27	© The Art Agency, Alamy, Osprey Publishing, Thinkstock
64	© Marco Antonio Sorrentino
68	© François de Dijon
71	© David Shankbone
103	© The Art Agency, Alamy, Osprey Publishing, Thinkstock
105	© Nicholas Forder
117	© Joe Cummings; Getty Images; Alamy; Thinkstock
137	© The Art Agency, Alamy, Osprey Publishing, Thinkstock
147	© The Art Agency, Alamy, Osprey Publishing, Thinkstock
155	© The Art Agency, Alamy, Osprey Publishing, Thinkstock
169	© Alamy, Corbis, Getty Images, Joe Cummings